からだの中から、キレイになる

毎日ベジレシピ

植木もも子

清流出版

はじめに

体は食事によってつくられている

私たちは日々、なんらかのストレスにさらされたり、あるいは予期せぬ病気などに見舞われることもあるものです。でもストレスや病気が、人によって重症化したり、軽くすんだりするのはなぜでしょうか。それは、その人がもつ、免疫力によって大きく左右されるからといわれています。

免疫力とは、体が本来もっている自己防衛機能のこと。現在では様々な研究において、植物がもつビタミンやミネラル、ポリフェノールなどの物質が免疫力のパワーの質や高低に関係していることがわかってきました。そして、この免疫力が高かったり低かったりするのは、かなりの部分、食事によって摂取する栄養素の多少にかかわっているのです。毎日、当然のように無意識で食べている三度の食事。私の体もあなたの体も、この食事によってつくられているといえるでしょう。

もっと野菜を食べてほしい

私たちは一日三回の食事を常としていますが、これは空腹を満たすためだけにとどまりません。体の中の細胞六〇兆個が生まれ変わるためのエネルギーになったり、生きていくために必要な栄養の摂取に必要不可欠なことなのです。

細胞一個一個を元気に動かすためには「三大栄養素」である炭水化物、脂肪、タンパク質に、ビタミン、ミネラルを加えた「五大栄養素」の摂取が重要となります。とくに、ビタミン、ミネラルは、三大栄養素の機能を助けるために必要不可欠で、これは野菜に多く含まれている栄養素です。

パワーフードで、自分も家族も元気に！

免疫力アップのために、なぜ野菜を摂る必要があるのかは、後述しますが、もっともっと野菜を毎日の食事にとり入れてほしいという思いから、この本が生まれました。

たくさん野菜が食べられるレシピづくりに苦心しましたが、それは野菜や果物がもつ素晴らしいパワーをとり入れて、免疫力をアップし、健康で毎日を送っていただきたいと心から願っているからです。レシピは旬の食材と、通年、手に入りやすい食材を組み合わせてつくりました。

野菜など食材のパワーはその旬に全開になり、また、私たちにとって必要な栄養素をもっています。パワーフードは特別なものではなく身近にある旬の野菜や果物です。

自分も家族みんなも、これらの食材を使っておいしく、楽しい食事で心身共に健康になりましょう！

目次

キラーストレスに負けない体をつくりましょう

ストレス耐性を強くする食べ物とは

二〇一六年、ＮＨＫスペシャル「シリーズ　キラーストレス」という番組をご覧になった方も多いのではないでしょうか。様々な疾患の原因にストレスがあるといわれてきていたものの、その科学的根拠や、ストレスによってどのように体がむしばまれていくのか、実ははっきりしていないところが多くありました。

この番組では世界中の研究者を取材して、ストレスによって脳や細胞がどのようにダメージを受けていくのかが解き明かされました。

また、小さなストレスでも回数が多くなると、あるとき、免疫細胞が働かなくなることも紹介され、改めてストレスが体に悪影響を及ぼすことを再認識したしだいです。

誰しも日々の暮らしの中では、多かれ少なかれストレスを感じることはつきものなので、それは非常に興味深いものでした。

そして、その研究によると、運動と、野菜、果物などの植物パワーの働きによって、ストレス耐性が強くなり、ストレスでダメージを受けた細胞の遺伝子まで修復されるというのです。

管理栄養士として、国際中医薬膳管理師の資格をもつ者として、「おいしく、楽しく、賢く、健康に」をモットーとしている私は、常々、「野菜をもっと食べてほしい！」と強く思っています。野菜や果物を使ったレシピは、私の得意とするところ。食べてストレスに負けない体がつくれる。「我が意を得たり」となった番組でした。

免疫細胞の活性化に欠かせないビタミン、ミネラル

現代社会において、人間関係や家族関係、仕事など、私たちは朝から晩まで様々なストレスにさらされています。中でも最近の若い人はストレスに弱いといわれていますが、私には、食生活が大きく影響しているように思えてなりません。

もとを正せば、私たちの口に入るものは、すべて地球上で生み出された「太陽の光をあび、地球の大地の栄養を吸収したもの」でした。それが今では、人の手によって加工され、もとの形もわからない加工品であふれています。私たちが気づかない間に、化学肥料、農薬まみれ、遺伝子操作された食材でつくられたものを日常的に食べることになっているのです。

繰り返しますが、体は食べたものでつくられます。毎日のように市販のお弁当やスナック菓子を食べていると、免疫細胞の活性化に欠か

ビタミン、ミネラルは
体内でほとんどつくることができない。
▼
毎日の食事で摂取することが大切。
▼
ビタミンは、神経を落ち着かせ、
脳細胞を活性化する働きをもつ。
ミネラルは、神経・筋肉を機能させるために
欠かせない成分。
▼
不足すると、脳の働きが悪くなり、
ストレスを感じやすくなる。

せないビタミン、ミネラルが不足し、免疫力が低下します。

ストレスにさらされている現代人にとって、野菜や果物を摂ることの必要性がおわかりいただけるのではないでしょうか。

野菜を毎日の食卓に添えてほしい

私たち人間も含めた動物は「命」あるものを食べないと、命をつないでいけないという連鎖の中にいます。だからこそ命あるものを大切にし、尊重して感謝の念をもって食べたいと私は思っています。

とくに私たち動物よりも、はるか古代から繁栄してきた植物のパワーは人知の及ばない素晴らしいものをもっています。動物は体が弱ると自然と草などの植物を食べて体を癒してきました。それを見て人類は様々な有用な植物を見つけ出すことができたのです。

なんでも揃い、なんでも買えるこの現代で、じわじわと栄養失調が広がっている現状があります。これらは偏った長年の食生活から起こります。ここで今一度、自分や家族の食生活を見直してみませんか？

肉や魚、炭水化物も大切な栄養ですが、野菜や果物が多くもつ、ビタミン、ミネラルやポリフェノールなどの栄養素がもっと必要です。毎食必ず、野菜と果物を食卓に添えて、元気でストレスに負けない体をつくる食事をしましょう！

免疫力をアップするためのおすすめ食材とは

ストレス耐性の高い強い体をつくるために

免疫力とは、体が本来もっている自己防衛機能のこと。この免疫力は、ストレスによって低下することはよく知られていますが、逆にいうと、免疫力を高めることでストレス耐性の高い強い体がつくれるといえるのではないでしょうか。

免疫力を上げるためによいといわれる食材とは、体の中にできてしまった酸化物質を除去する、あるいは還元する、傷ついた遺伝子を修復するなど、ほうおっておくと病変するような状態をリセットすることができる物質を含んだもののことです。様々な研究やエビデンスが集められたことにより、緑黄色野菜、きのこ類、豆、種実類、果物（とくにベリー類、柑橘類など）、海藻などにそれらの成分が多く含まれていることがわかりました。さらに、精白してない穀類などもおすすめ食材といえます。

ストレスを感じている人こそ野菜を摂ってほしい

「フィトケミカル」（ファイトケミカルともいう）という用語を聞いたこ

フィトケミカルの働き

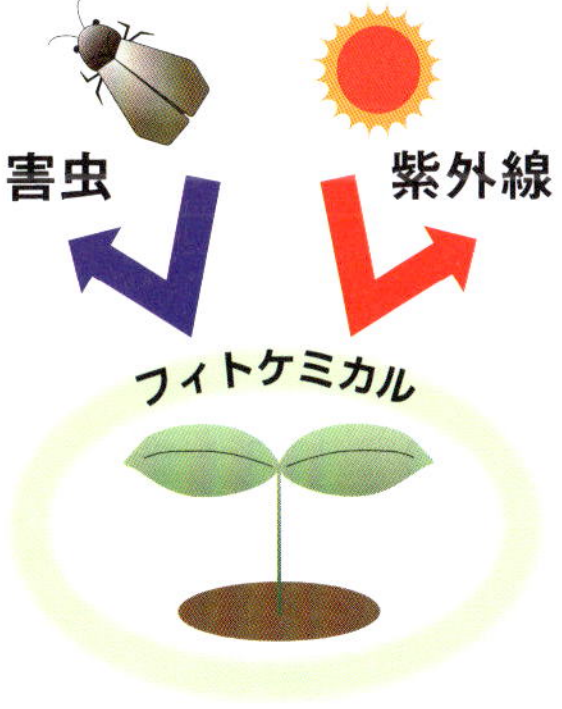

とがありますか。これは「植物に含まれる化学物質」のことをさします。植物は動物と違って生まれたところで一生を過ごします。その環境がどんなに苛酷でも、例えば乾燥した砂漠、風が吹き荒れる高地、極寒の地、灼熱の地など、その場所で生き延びるために、各々が受けるダメージを少しでも軽減するために化学物質を生み出して自らを守ってきました。これがフィトケミカルといわれる物質なのです。

とくに緑黄色野菜には色素があり、この色素が素晴らしい働きをします。カロテン類、葉緑素（クロロフィル）、アントシアニンなど、いろいろなフィトケミカルが含まれているからです。

様々な種類のフィトケミカルがありますが、注目すべきは、活性酸素を取り除く抗酸化物質です。活性酸素はストレスを感じると発生するものですが、この抗酸化物質は体内の活性酸素を取り除き、免疫力を高める働きを担ってくれます。ストレスを感じている方こそ、よりたくさん野菜を摂ってほしいと願っているのはこのためです。

免疫力をアップするパワーフード

野菜

フィトケミカルは緑黄色野菜や淡色野菜などから発見されています。緑黄色野菜はカロテン類を多く含んでいるという特性があります。

また、植物の細胞内に含まれる葉緑素は、光合成をおこない植物に必要なエネルギーを生み出す物質で、中でもβ‐カロテンはよく知られた成分です。赤やオレンジ色の野菜に多く含まれていますが、緑の濃い野菜に多く含まれるのはα‐カロテンです。この成分もβ‐カロテン同様、抗酸化作用が強い成分です。α‐カロテンを含む緑の野菜にはそのほかの微量栄養素が多く含まれていることがわかっています。

葉緑素は抗がん作用、コレステロール値低下作用、解毒作用などがあることも研究や疫学調査から明らかになっています。

［代表的な野菜］カボチャ・ピーマン・パプリカ・ブロッコリー・春菊・ニラ・オクラ・サヤインゲン・青梗菜・ニンジン・ほうれん草・アサツキ・グリーンアスパラ・トマト・クレソン・シソ・バジルなど

きのこ類

きのこに含まれるβ‐グルカンは食物繊維の一種で、免疫機能をもつマクロファージやT細胞、NK細胞などを活性化させる作用があります。

カロリーも低く、免疫力アップには欠かせない食材です。

豆類

豆に多い食物繊維には腸内をきれいにすることで善玉菌が増え、免疫力を高める作用があります。

種実類

抗酸化作用を強くもつビタミンEが豊富に含まれ、体内の脂質の酸化を防いでくれる働きがあります。

果物（主にベリー類、柑橘類など）

果物にも、活性酸素を除去する働きのあるポリフェノールや、ビタミンEが多く含まれています。

体がよろこぶ"旬"にこだわりましょう

旬のものは、体が必要としているもの

私が勉強し続けている「中国伝統医学（中医学）」の薬膳の授業の中で、食べ物でも薬でも、口に入れるものそのものが「生命力＝精気」をもっているかどうかが大事ということを教わりました。食べ物とは、その中に含まれる栄養素や、おいしいということも大切ですが、そのものがもっている精気をもらって体の生命力＝「気」を養うものであること。「気」のないものを食べても生命力は生み出されない、ということです。

私たち人間も含め動植物は、生まれ育った大地、環境、気候など周りのことすべての影響を受けながら成り立つ存在です。「身土不二《しんどふじ》」という言葉があるように、人間の体と土地は切り離せない、その土地のものをその季節に食べるのが、体にとって一番よい「気」のある食べ物ということになります。

最近の研究では、私たちの腸にすみつく腸内細菌は、世界各地で違うということがわかってきました。長年にわたり食べてきたものに順応し、消化吸収させるために適した菌がちゃんとすみついている。各場所ごとに様々な特徴があるため、そこで生き抜くために必要なものを長い間に取得してきたというわけです。

また、季節ごとに出まわる食材には、その季節にふさわしい働きをもっているものが多くあります。例えば、夏野菜には利尿作用と生津《しょうしん》作用（体の水分を生み出す）をもつものが多く、これらの成分は体を冷やし潤

す働きがあり、一方、秋に旬を迎えるものは「気」を養うものが多く、寒い冬にそなえた体をつくるために欠かせません。

旬の野菜が体にいい理由

私たちの体は季節の変化とともに変わっています。実感しにくいことかと思いますが、悠久の時の流れの中で、季節の変化に対応できるように体のシステムがつくられてきました。

「薬膳」とは、漢方の考えを基本に、季節や体調に合わせて食材を選んでつくる料理のことです。季節を春・夏・梅雨・秋・冬と五つに分けますが、日本では梅雨が夏の前になります。それぞれの季節で要《かなめ》になる気候（風・暑・湿・燥・寒）と、五臓（肝・心・脾・肺・腎）の働きがあります。

例えば春は木々が芽吹く季節。この時期には、肝の働きが活発になり、冬にため込んだ不要なものを排出して解毒します。この肝の働きを助けるのに、里山には苦味を含む山菜や、食物繊維の多いタケノコなどが出てきます。春は発生の季節で、芽のものは成長のエネルギーを蓄えているので栄養価も高くなる。このように、旬の食材は、その

日本における気候と五臓の働き

季節	気候	五臓	働き
春	風	肝	気や血の流れを司る。消化を助けたり、運動機能とかかわる。肝は風邪（ふうじゃ）に弱い。
梅雨	湿	脾	消化吸収機能を担う。栄養分を気血に変えたり、水分や不要物を排出する。脾は湿邪（しつじゃ）に弱い。
夏	暑	心	五臓をコントロールする。血液を全体に送り出し、体をあたため栄養を送る。心は暑邪（しょじゃ）に弱い。
秋	燥	肺	呼吸機能や全身の気や水分調整をする。感覚機能にもかかわる。肺は燥邪（そうじゃ）に弱い。
冬	寒	腎	成長発育、生殖機能とかかわる。体内の水分代謝と貯蔵を管理する。腎は寒邪（かんじゃ）に弱い。

季節にふさわしい性質をもっているので、積極的に摂り入れて健康維持に役立ててほしいと思っています。

肉や魚に野菜料理をプラスしてほしい

国では一日三五〇gの野菜を摂ることを奨励していますが、これはビタミン、ミネラル、フィトケミカル、食物繊維を摂ることが健康を保つために欠かせないからです。様々なエビデンスから病気にかかる人とかからない人には、野菜や果物の摂取量がかなり影響していることがわかっています。

でも、私は皆さんにベジタリアンになることをすすめているのではありません。エネルギー源として肉や、魚を食べたら、その倍量の野菜を摂ることをおすすめしたいのです。あわせて、穀類はなるべく精白しすぎないで消化のよいものを。これは精白がすすむにつれてビタミンやミネラル、食物繊維などが失われてしまうからです。また、砂糖類や甘いものはほどほどにし、ベリー類や柑橘類に置き換えてみてはいかがでしょう。

ちょっとした心がけしだいで、健康が維持できるのです。野菜や果物がもっている有効成分を、より効果的に摂れるように、野菜をたくさん食べていただけるようにと、おいしいレシピづくりに励みました。野菜を食べないのはもったいない！と声を大にしてお伝えしたいと思っています。

1日350gの野菜を食べるコツ

- 野菜中心の食生活で病気になりにくい体がつくられるということを意識する
- 野菜を毎日食べることを習慣にする
- 見た目も重要。彩りよく盛りつける
- スープやジュースにすると、栄養が丸ごと摂れる
- 炭水化物の前に野菜を食べる

料理を始める前に、調味料の見直しを

調味料は良質のものを

毎日の料理に欠かせない調味料。目に留まったものを購入して無意識に使用している方が多いのでは。一回に使用する量が少ないとはいえ、三六五日使うものだけに、年間では結構な量を摂取しています。何気なく使っている塩、砂糖、油などは体に影響を与えるものなので、今一度見直していただきたい調味料です。

塩は精製塩（Nacl）ではなく自然塩を、砂糖も未精製のものを使ってください。自然塩や未精製の砂糖には、塩分や甘み以外にミネラルなどの栄養素が入っています。その他、みそ、しょうゆ、酢などの醸造物は、時間をかけて発酵過程で生み出されてくるアミノ酸による旨みでおいしいものが本物。促成につくられていないもの、色素や旨み成分を足していないものを選んでください。

油の選び方

さらに油もとても大切です。油の栄養素は脂質で、オメガ3脂肪酸、オメガ6脂肪酸、オメガ9脂肪酸の三種類に分けられます。オメガ3は必須脂肪酸（体内では合成されないため、食物から摂取しなければなら

調味料、これに気をつけて！

1 塩…精製塩は使用しない
2 砂糖…未精製のものを使用する
3 みそ、しょうゆ、酢…色素や旨み成分を足していないものを使う

油には、それぞれ風味や色、味の違いがあるので、お好みのものをセレクトしてください。

ない脂肪酸）の一つで、有害物質を阻害し体の炎症を抑える重要な役目をするもの。オメガ3の油は、加熱すると酸化しやすいので、そのまま使うことが重要。オメガ6も必須脂肪酸ですが、お惣菜やスナック菓子ほか、ほとんどの加工食品に含まれています。オメガ9は必須脂肪酸ではありませんが、豊富に含まれるオレイン酸がコレステロール値を下げ、加熱しても酸化しにくい油。オリーブ油に代表される油です。

これらの油でも抽出方法により、その質が大きく変わります。どんな油でも、原材料となる種子や果実をコールドプレス（低温圧搾法）といわれる、熱を加えずに圧力を加えてすりつぶし搾り出して採る方法が、油の栄養素がそのまま残ります。私のおすすめは、このコールドプレス製法されたものです。

◆**麻の実油〈オメガ3〉**
麻の果実を搾った油。ナッツのような香りが特長。

◆**インカインチ油〈オメガ3〉**
星型の「グリーンナッツ」が原材料。さらっとして香ばしい。ビタミンEが豊富。

◆**ごま油〈オメガ6〉**
強い抗酸化作用をもつごまに含まれるセサミン。濃厚な香りが特長的。

◆**オリーブ油〈オメガ9〉**
オリーブの果肉を搾ってつくられる。ポリフェノールが豊富で、オレイン酸が70%以上含まれる。

◆**ひまわり油〈オメガ9〉**
ひまわりの種が原料。オレイン酸を豊富に含む。味にクセがないので使いやすい。

◆**パンプキン油〈オメガ6〉**
カボチャの種を搾った油。亜鉛を含む。風味豊かで濃厚な味。

◆**菜種油〈オメガ9〉**
アブラナ科の一種・菜種からとる油。酸化しにくくさっぱり味。

◆**米油〈オメガ6、9〉**
米糠から抽出される油。劣化しにくく、抗酸化成分のビタミンEが豊富。

免疫力アップの魔法のソース

野菜料理を一層おいしく、さらに免疫力アップ料理に仕上げるのに大活躍し、味つけもピタリと決まる〝魔法のソース〟四品を紹介します。ソースに使用するニンニク、ニラ、たまねぎ、ハーブにはそれぞれ免疫力を高める抗酸化成分をもつ物質が含まれています。

ニンニク、ニラ、たまねぎはどれもユリ科の植物。ユリ科のものには「硫化アリル」という物質が含まれています。ニンニクの香りやたまねぎを切ったときに涙が出るのはこの成分によるもの。硫化アリルは昔から血液サラサラ効果や、抗酸化作用があるといわれてきました。

最近の研究では、この成分をより有効にする調理方法が見つかりました。細かく刻んだり、すりおろしたり、潰したりすることによって細胞膜が壊れると、酵素が出てきて硫化アリルと反応し、イソチオシアネートという成分に変わります。ニンニクやたまねぎは生で食べるのが栄養を一番効率よく摂取できますが、このイソチオシアネートは加熱しても破壊されないことが判明。これで料理の幅がぐっと広がります。

私は日々に使いやすい調味料と合わせて魔法のソースにしました。

◆**たまねぎ酢**——たまねぎはすりおろしてからお酢と合わせることで、血液サラサラ効果がさらに倍増。酢は穀物酢や果実酢など、お好みのものを選んでください。

◆**ニンニクオイル**——ニンニクは細かくみじん切りにして酸化しにくい油と混ぜ合わせます。とくにコールドプレスの菜種油には抗酸化力をもつ栄養素のカロテンが含まれているので、強力コンビとなります。ごま油や米油もおすすめです。

◆**ニラオイル**——抗酸化作用が高く、体をあたためる働きをもつニラ。細かく刻んでコールドプレスのごま油か菜種油と混ぜ合わせましょう。

◆**ハーブオイル**——バジルを主体に、イタリアンパセリ、タイム、ミント、ローズマリー、セージなどをアクセントとして、私は庭で育てたハーブも加えます。それらをみじん切りにして、ニンニク一片、塩少々を加え、オリーブ油か菜種油を注いでください。使用するハーブはビタミンCが豊富で、胃の働きを助けるほか、ポリフェノール類が入っているので、抗菌・抗酸化作用があります。香りもいいので「気」のめぐりもよくなります。

これらのソースを冷蔵庫に常備すると、ドレッシングや和えもの、つけだれ、炒めものなどに使えるので、料理がすぐにできて健康効果も得られます。忙しい人ほどおすすめの魔法のソースです。

ご紹介するレシピにも多用しているので、ぜひ、「つくりおき」してみてください。

魔法のソースの作り方

ニンニクオイル

【材料】
ニンニク…２球
油…1カップ(200ml)
消毒済保存ビン…容量400ml ぐらい

【作り方】
❶ニンニクは薄皮をむき、根元の硬い部分を切り落とし、縦半分に切って芽を取り除き、みじん切りにする。フードプロセッサーを使うと便利。
❷保存ビンの６～7分目まで①を入れて、好みの油を注ぎ、よく混ぜ合わせて蓋をする。２～3日ほど置くと味がなじむ。

【保存期間】冷蔵庫で1～２か月

【使用法】野菜炒めなどの炒めものや、スープ、麺類の隠し味に。

たまねぎ酢

【材料】
たまねぎ…大1個(250ｇ)
酢…1カップ(200ml)
消毒済保存ビン…容量400ml ぐらい

【作り方】
❶たまねぎは皮をむき、縦半分に切り、頭は切り落とす。根はすりおろしたときにバラバラにならないように、そのまま残す。頭のほうからおろし金ですりおろす。
❷①を保存ビンに入れて、好みの酢と混ぜ合わせる。すぐに使えるが、1日置くと、たまねぎの辛みがまろやかになる。

【保存期間】冷蔵庫で1～２か月

【使用法】油を加えてドレッシングに。蒸した野菜、魚や肉にソースとして使用。スープや麺類の汁に加えると味に深みが増す。

ハーブオイル

【材料】
バジルの葉…50g
イタリアンパセリ、
　またはパセリ…20g
タイム、ローズマリー、セージ、ミントなど好みで
ニンニク…1片
油…1/2カップ(100ml)、塩…小さじ1/2
消毒済保存ビン…容量400ml ぐらい

【作り方】
❶ハーブ類は洗って水気をきり、葉を茎や枝から外す。水気をペーパータオルでしっかり拭きとってから、みじん切りにする。ニンニクもみじん切りにする。フードプロセッサーを使うと便利。
❷保存ビンに入れて、好みの油を注いでよく混ぜ合わせ、塩も加えてさらに混ぜ合わせる。

【保存期間】冷蔵庫で1か月ほど。使用後に、ビンの内側にハーブがくっついたまま保存すると、カビがついてしまうので注意する。油の中から出てビンについたハーブはきれいに拭きとる。

【使用法】レモン汁やたまねぎ酢をプラスしてドレッシングに。蒸し野菜、魚、肉のソースや、パスタにかけたりすると美味。

ニラオイル

【材料】
ニラ…1束(約100g)
油…50ml
しょうゆ(好みで)…30ml
消毒済保存ビン…容量300 ～ 400ml ぐらい

【作り方】
❶ニラは洗って水気をきり、カビなどを防ぐためにペーパータオルで水分を拭きとり、端から細かく切る。
❷ニラを保存ビンに7～８分目ほど入れて、上から好みの油を注ぎ、よく混ぜ合わせる。好みでしょうゆを足してもOK。

【保存期間】冷蔵庫で保存し、３週間ほどで使い切るようにする。

【使用法】豆腐のかけだれ、蒸し野菜、焼き野菜、蒸し魚、肉などにかけられる万能ソース。

※本書の計量の単位は、「1カップ」は200ml、「大さじ1」は15ml、「小さじ1」は5ml です。

春

レシピ

立春（2月4日）
～
立夏（5月5日）ごろ

春はホルモンや神経のバランスが崩れやすい時期。
冬のうちに体の中にため込んでしまったものを排出して、
リセットする必要があります。
春に出まわる香りのいい野菜をたっぷりいただきましょう。

春野菜の恵み

春は、冬のうちに体の中にため込んでしまったものを排出して、リセットする時期。五臓の「肝《かん》」が活発に働いて体内の解毒を進めます。

春を感じさせる山菜類には「苦味」のあるものが多く、この苦味は植物性アルカロイドという成分で、老廃物を排出したり、新陳代謝を促す役割をもっています。山菜は、春ならではの天ぷらの食材としても、おなじみでしょう。

春はわくわくするほどおいしい食材が出まわります。楽しみながら体調を整えましょう。

つまみ菜
ビタミンC、カリウム、カルシウム、β-カロテンを多く含む。解毒作用や、がん予防、便秘解消効果などが期待できる。

セルパチコ
ビタミン、ミネラルのほか、辛み成分の硫化アリルが含まれ、強い抗酸化作用と殺菌効果をもつ。

菜の花
レモンよりも多く含まれるビタミンCやβ-カロテンの高い抗酸化作用で、免疫力がアップ。ストレスやウイルスから体を守る優等性野菜。

うるい
山菜の中でもビタミンCの含有率が多く、食物繊維やカリウム、サポニンなども豊富。

アサツキ
ビタミン群、パントテン酸、葉酸、カロテン、カリウムが多く含まれ、疲労回復、血糖値低下、高血圧予防効果などが期待できる。

タケノコ
脳を活性化するチロシンや、疲労回復を助けるアスパラギン酸が含まれる。不溶性食物繊維も豊富で、腸内の有害物質を排出する作用がある。

そら豆
イオウ化合物を含み、カロテンやビタミンが豊富なため、抗酸化作用が充実。

たらの芽
マグネシウムやビタミンB群、葉酸などが豊富に含まれる。マグネシウムが不足するとイライラや集中力の低下を招く。

ふきのとう
にが み成分のアルカロイドは肝機能を強化し、新陳代謝を促す。ただし食べすぎると肝臓にダメージを与えるので注意。

スナップエンドウ
β-カロテン、ビタミン群、カリウム、カルシウムが豊富で、さやごと食べると食物繊維も摂ることができる。

春

キヌサヤ
ビタミンB群が豊富で、中でもビタミンCを多く含むので、老化予防効果がある。

グリーンピース
タンパク質や糖質、ビタミンやミネラルをバランスよく含み栄養価が高い。ビタミンB群は疲労回復に効果がある。

グリーンアスパラ
アスパラギン酸は、アミノ酸の一種で疲労回復、スタミナアップ効果や、強い抗酸化作用をもつ。

ふき
ビタミンやミネラルをバランスよく含む。カリウムを多く含み疲労回復効果がある。

セリ
豊富に含まれるビタミンCが免疫力を高め、活性酸素の働きを抑える。ミネラルや食物繊維も豊富。

菜の花とかぶ、ホタテのサラダ

春の訪れを菜の花とともに。
ホタテのタウリンで肝機能アップ

春

【材料(2人分)】

菜の花…1/2束
かぶ…小1個(60gほど)
ホタテ貝柱生食用…4～5個＋酒(適宜)
酒…大さじ1
A
　たまねぎ酢…大さじ1
　麻の実油…大さじ1
　しょうゆ…小さじ1
　塩、こしょう…各少々

【作り方】

❶菜の花を1㎝長さに切り、かぶは皮をむき薄切りにする。ホタテは1個を3枚に切り、酒をかけておく。
❷フライパンに菜の花を入れ、上から酒をまわしかけて、蓋をして火をつける。煮たったら弱火にし、1分ほど蒸し煮をしてから火を止め、混ぜて、すぐに広げて粗熱をとる。
❸ボウルにAを入れてよく混ぜ合わせる。ホタテを加えてしっかり和えてから、かぶも加えて和える。最後に菜の花を加えて味をなじませてから器に盛る。

調理point

菜の花がもつ水分で蒸すことで、水っぽくならずにシャキシャキ食感が味わえます。

野菜memo

かぶに含まれるアミラーゼは胃もたれや胸やけを予防します。熱に弱いので、生で食べると効果を発揮します。サクサク食感を味わってください。

attention

本書のレシピは、素材の味を十分にいかすため、味つけは薄めです。合わせ調味料やドレッシングを食材にしっかりなじませるため、食材ごとに順番に混ぜ合わせてください。

スーパーグリーン春サラダ

葉野菜でビタミン補給、桜エビのカルシウムでイライラ解消

【材料(1～2人分)】

ルッコラ…40g
ブロッコリースプラウト…1パック
　＊つまみ菜で代用可
ケール…手のひら大4枚(40g)
ひよこ豆(水煮)…40g
茹で桜エビ…30g＋酒…大さじ1
A
　レモン汁…大さじ1
　菜種油…大さじ1と1/2
　わさび…小さじ1
　塩、こしょう…各少々

【作り方】

❶野菜をきれいに洗い、ルッコラは1㎝幅に切り、ブロッコリースプラウトは根元を切り落とす。ケールは食べやすい大きさにざく切りにする。

❷ひよこ豆は、臭みをとるため、ザルにあけて湯をかけておく。

❸ボウルにAを入れてよく混ぜ合わせておく。その中に水気をきった野菜とひよこ豆、茹で桜エビを入れて、しっかり混ぜ合わせてから、器に盛る。

野菜memo

ケールは、栄養価が非常に高く青汁の原料として重宝されています。無農薬・国産のものをおすすめします。

春

春のいろいろ豆サラダ

胃の働きを助ける豆類に、レモンとミントを加えて食欲増進

【材料(1～2人分)】

キヌサヤ…10枚
スナップエンドウ…8個、そら豆…8本
グリーンピース…50g
マッシュルーム…5個＋レモン汁（適宜）
レタス…3枚
　＊セルパチコを加えても
ミントの葉…12枚（うち飾り用を3枚を残す）
レモン汁…大さじ1/2～1
A
　ニンニクオイル…小さじ1
　菜種油…大さじ1と1/2
　塩、こしょう…各少々

【作り方】

❶キヌサヤとスナップエンドウはヘタと筋をとって、沸騰した湯に入れてさっと茹でる。そら豆はさやから豆を取り出し、茹でてから薄皮をむく。グリーンピースもさやから取り出して茹でる。
❷キヌサヤとスナップエンドウは2～3㎝長さに切る。マッシュルームは軸を切り、薄切りにしてレモン汁をかけておく。レタスは千切りにする。
❸ボウルにAを入れてよく混ぜ合わせる。キヌサヤ、スナップエンドウ、そら豆、グリーンピース、マッシュルームを入れて和える。
❹器に千切りにしたレタスを敷き、③を盛りつけ、レモンをしぼってかける。

春

グリーンアスパラ、新たまねぎ、タケノコのオーブン焼き

こんがりホクホク、香ばしさが際立つ。かんたんオーブン調理

【材料(1～2人分)】

グリーンアスパラ…6本
新たまねぎ…1個
タケノコ…小2本
そら豆…3個
マッシュルーム…6個
酒…適宜
木の芽のみじん切り…小さじ2
ニンニクオイル…大さじ2
塩…小さじ1/5

調理point

タケノコを皮のまま、丸ごと焼くことで、中が蒸された状態となり、香りも逃げずに、よりホクホクした食感が味わえます。

【作り方】

❶タケノコは皮つきのままよく洗って15分ほど水につけておく。たまねぎは皮をむき、縦4等分に切る。そら豆はさやから出し、薄皮をむきやすくするために、包丁で切れ目を入れておく。グリーンアスパラは根元の硬い部分を切り落とし、マッシュルームは軸を切っておく。

❷野菜の焼き時間は、180℃のオーブンで、タケノコは皮のまま丸ごと入れて30～40分、たまねぎは20分、そら豆、アスパラガス、マッシュルームは15分くらいをめどに、時間差でクッキングシートを敷いた天板の上にのせていく。

❸タケノコは竹串を刺して、焼け具合を確認する。竹串がすっと通ったら焼き上がり。

❹ニンニクオイルをフライパンで香りが立つまであたためる。そこに木の芽、塩を入れソースをつくる。タケノコは皮つきのまま半分に切り、他の野菜と一緒に器に盛り、上から木の芽ソースをかける。

忙しい人ほどオーブン料理がおすすめ

多くのご家庭に普及しているオーブンレンジですが、オーブン機能がついているのに、使っていない方も意外に多いのではないでしょうか。でも、これはとってももったいないことです。オーブンは、調理時間をセットすれば、あとは出来上がるの待つだけという便利調理器具。忙しい人ほど、オーブンを積極的に活用してください。

おすすめ理由

❶ 調理時間はタイマーでセットするだけ。
❷ その場を離れても火を使っていないので安心。
❸ 焼き上がるまでに、もう一品をつくることができる。
❹ 栄養が流れにくく、油の量も減らすことができる。

春キャベツとかぶ、生しいたけと鯛の酒蒸し

温野菜で体あたたか。キャベツのビタミンUが胃腸を守る

【材料(1～2人分)】

春キャベツ…1/6個
かぶ…1個
生しいたけ…4枚
鯛…2切れ
酒…大さじ1
オレンジ…1個
タイムの枝…4本
白ワイン…大さじ3
ハーブオイル…大さじ2

【作り方】

❶キャベツは縦半分に切り、かぶは軸を2～3㎝残して、くし切りに6等分し皮をむく。生しいたけは軸を切り2等分に切り分ける。鯛は流水で表面をさっと洗い、水気をペーパータオルでとり、軽く塩をして酒を振りかけておく。オレンジは皮をむき、1㎝厚さの輪切りを4枚用意し、残りのオレンジは、器に盛った鯛の上に果汁をしぼる。

❷フライパンにクッキングシートを敷き、野菜を入れる。オレンジの上に鯛をのせ、その上にタイムをおく。全体に白ワインをまわしかけ、蓋をして火をつけ蒸気が出てきたら弱めの中火で2～3分蒸す。

❸器に野菜を盛り、鯛にはハーブオイルをかける。好みでタイムの枝を飾る。

春

グリーンアスパラのトーフネーズ和え

アスパラギン酸で疲労回復。クリーミーでやさしい味に食が進む

【材料(1～2人分)】

グリーンアスパラ…6本(120g)
エビ…8尾、酒…大さじ1
豆腐…1/2丁
インカインチ油…大さじ1
レモン汁…大さじ1/2
白すりごま…大さじ2
塩…小さじ1/4
薄口しょうゆ…小さじ1/2

【作り方】

❶グリーンアスパラは色よく茹でて食べやすい大きさに切る。エビは殻をむき、背ワタをとって、塩もみをして流水で洗う。フライパンに入れて酒を振り、1分ほど蓋をして蒸す。蒸し汁はとっておく。

❷ペーパータオルに包んで水きりをした豆腐をボウルに入れ、なめらかになるまで混ぜ、油、レモン汁、白すりごま、塩、しょうゆに、エビの蒸し汁を大さじ1加えて混ぜ合わせる。

❸②にグリーンアスパラとエビを入れて軽く和える。

調理point

豆腐は泡立て器などで、なめらかになるまで、しっかり混ぜる。

春キャベツと生湯葉のハーブソース和え

疲れた胃を、キャベツと湯葉でやさしく守る

【材料(1～2人分)】

春キャベツ…1/4個
生湯葉…1枚
セリ…1/2束(50g)
　＊クレソンで代用可
ハーブオイル…大さじ1
塩、こしょう…各少々
レモン汁…大さじ1

野菜memo

葉がやわらかい春キャベツは生食におすすめ。冬キャベツよりも抗酸化作用のあるカロテンを多く含んでいます。

【作り方】

❶キャベツは5㎜幅の千切りにする。セリは1㎝長さに刻む。生湯葉も食べやすい大きさに刻む。
❷ボウルにハーブオイルと塩、こしょうを加えてよく混ぜる。キャベツを加えて和え、少ししんなりしたら、セリを加えて混ぜる。生湯葉を加えて全体を和える。
❸食べる直前にレモン汁をかける。

春

セリと貝のおろし和え

早春の味、セリと貝の風味を楽しんで。大根おろしで消化促進

【材料(1〜2人分)】

セリ…1束(100g)
貝(生食用の赤貝など春の貝)
…3個(開いて下処理をしたもの)
大根おろし…1/2カップ
酢…大さじ1
塩…小さじ1/3

食材memo

赤貝は肝臓の働きを助け、疲労回復、貧血の改善に効果を発揮します。貝類の中では、高タンパク、低脂肪です。

【作り方】

❶セリは汚れをとるために洗い、熱湯でさっと茹でてから冷水で冷ます。しっかりと水気をきって、食べやすい長さに切る。
❷貝は塩もみをして流水で洗う。生食用の赤貝の場合は、そのまま食べやすい大きさに切る。
❸ボウルに大根おろし、酢、塩を加えてよく混ぜて味を調える。セリと貝を加えて軽く和える。

新ワカメ、アサツキ、セリ、イカのみそドレ和え

メカブ、紫たまねぎの和えもの

新ワカメ、アサツキ、セリ、イカのみそドレ和え

ワカメはカロテンが豊富。イカのタウリンが「肝」の働きを補い、疲労回復

【材料(1～2人分)】

新ワカメ…40g
アサツキ(小口切り)…大さじ2
セリ…1/2束(50g)
ヤリイカ…中1杯
酒…大さじ1/2
みそ…大さじ1/2
はちみつ…小さじ1
たまねぎ酢…大さじ1
菜種油…大さじ1
からし…小さじ1

【作り方】

❶新ワカメは熱湯でさっと茹でて1㎝幅に切る。アサツキは小口切りに、セリは3㎝長さに切る。
❷ヤリイカは食べやすい大きさの輪切りにし、酒をかけてから、熱湯でさっと茹でて水気をきっておく。
❸ボウルにみそとはちみつを加えて混ぜ、たまねぎ酢、菜種油、からしを順次加えて混ぜ合わせる。

食材memo

春の新ワカメはやわらかく香りがよいのが特長。イカとの味の相性は抜群。イカは薬膳では血を養う食材です。

メカブ、紫たまねぎの和えもの

刺激臭がなく甘味がある紫たまねぎ、メカブと和えて血液サラサラ

【材料(1～2人分)】

メカブ…1パック(無添加)
紫たまねぎ…1/2個
ブロッコリースプラウト…1束
たまねぎ酢…大さじ1強
塩…小さじ1/4
黒こしょう…少々
米油…大さじ1

食材memo

黒こしょうは、香りがいきる挽きたてがおすすめです。

【作り方】

❶紫たまねぎは薄切りにし、ブロッコリースプラウトは根元を切り、洗って水気をきっておく。
❷ボウルにメカブを入れて、たまねぎ酢、塩、こしょう、米油を加えてよく和える。紫たまねぎとブロッコリースプラウトを加え和えてから、器に盛る。

野菜memo

生食に向く紫たまねぎは、サラダや和えものに向きます。酢で和えるとさらに色鮮やかになります。

手早く栄養摂取！　スープ&ジュース

食材の旨みや栄養が丸ごとつまったスープやジュースは、消化吸収がよく、しかもかんたんにつくることができる一品です。

また食欲がないときでも、のど越しがいいので栄養補給にも最適です。

果物や野菜には、皮や、皮の近くに栄養素が豊富に含まれています。栄養素をむだなく取り入れるためにも、可能なものは、皮を含んだ食材を丸ごと使うことをおすすめします。

味つけは薄味を心がけ、素材から出る味をいかしましょう。

スープのおすすめポイント

- 野菜の栄養が汁ごと摂れる
- 味をみながら、味を足したり直したりできる
- たっぷりと具材を入れれば、おかずにもなる
- 和洋中やエスニック味にアレンジしやすい

ジュースづくりのためのポイント

- 野菜や果物は、できるだけ国産無農薬か、低農薬のものを使うことをおすすめ。さらにしっかり洗ってから使う
- 生ジュースのビタミンは時間の経過とともに減少していくので、つくりたてをすぐに飲む
- 甘さが足りないときは、はちみつを加えて調整
- 生ジュースが濃くて飲みにくいときは、水や牛乳、豆乳などで薄める

スムージーって何？

スムージーは、野菜や果物を組み合わせてつくるドリンクです。もともとは凍らせた果物を使用してシャーベット状にしたりしますが、最近では、素材を凍らせずに、ミキサーを使って生の野菜や果物を丸ごと混ぜてつくるのが主流になりつつあります。材料を丸ごと使うので、素材のもつ栄養素をそのまま摂取することができます。

春

グリーンピースとミントのスープ

目にも鮮やかな春色スープ。豆の甘さを存分に味わえる

新緑の季節。やさしい色とやさしい味わいに体が喜ぶ

【材料(1人分)】

グリーンピース…200g(豆のみ)
たまねぎ…1/4個
オリーブ油…大さじ1/2
水…3カップ、固形ブイヨン…1/4個
ミントの葉…10枚
塩…小さじ1/4、こしょう…少々
バター…10g
フランスパンのクルトン(好みで)…適宜

attention

ミントは、酸化すると黒くなるので、加える直前に刻みましょう。

【作り方】

❶グリーンピースはさやから出してさっと洗う。たまねぎはみじん切りにする。

❷鍋に油を引き、たまねぎを入れて、しんなりするまで炒める。グリーンピースも加えてひと炒めしてから水を入れ、固形ブイヨンを加えて煮る。

❸グリーンピースがやわらかくなったら、フードプロセッサーかミキサーなどに入れて攪拌する(もしくは木べらやマッシャーでつぶす)。鍋に戻してあたため、ミントを刻んで加えて、塩、こしょう、バターで味を調える。器に盛り、あればクルトンを添える。

ふきとエビのトムヤンクン風スープ

ふきのカリウムと、エビのタウリンで疲労回復。そうめんとの相性も抜群

【材料(2人分)】

ふき…1/2本
エビ…4尾
酒…大さじ1＋大さじ1
水…500ml
唐辛子…小2本
ナンプラー…大さじ1
レモン（国産）…薄切り1枚
シャンツァイ（香菜）…適宜
そうめん…1束
ごま油…小さじ2
塩、こしょう…各少々

【作り方】

❶エビは背ワタをとり、尾を残して殻をむく。塩でもんでから流水で洗い、水気をふきとり、酒大さじ1をかけておく。殻は洗って「お茶パック」に入れる。ふきは塩を振り、表面をこすってから下茹でをし、薄皮をむく。斜め薄切りにしておく。

❷鍋に水を入れ、エビの殻と唐辛子を入れて火にかける。沸騰したらエビと、酒大さじ1を入れて2分ほど煮てから殻から取り出し、ふきを加える。ふきの色が変わったらナンプラーで味を調える。器に盛り、レモンの薄切り2分の1枚と、シャンツァイを添える。

❸茹でたそうめんを冷水で洗い、水気をきっておく。ボウルに細かく刻んだシャンツァイ、ごま油、塩を加えてよく混ぜる。その中にそうめんを加えて和え、スープに添える。スープをつけ汁にしていただく。

フキのかんたん薄皮むき

調理point

ふきは生のままでも、下処理をしたあとでも、薄皮をむくと食べやすくなります。薄皮を2~3cmほどむいていき、一周したら全部の皮を持って、一気に引っ張れば、きれいにむけます。

＊ふきが食べきれない場合は、下茹でしてから薄皮をむき、薄切りにし、フライパンに好みの油を引いて炒めましょう。塩、こしょう、しょうゆ、酒、みりんなどで、好みの味つけをしておくと、冷蔵庫で3～4日ほど保存できます。

＊下味をつけたふきに、雑魚(じゃこ)、干し桜エビ、ツナなどを加えると、「つくりおき」として便利な一品に。

ブルーベリーのスムージー

栄養たっぷりスーパーフルーツで、活性酸素除去

冬の寒さで溜まった老廃物。肝機能を高めて解毒を促進。

【材料(1～2人分)】

ブルーベリー（冷凍可）…200g
リンゴ…1/2個(125g)
レモン汁…大さじ2
はちみつ(好みで)…適宜

調理point

酸味が強いと感じたら、はちみつを小さじ1～2ほど加えると飲みやすくなります。ミキサーの機種によっては、果物だけでは動かないことがあるので、その場合は水を加えてください。

【作り方(ミキサー使用)】

❶リンゴは皮をむいて芯をとり、2㎝大に切る。
❷ミキサーにブルーベリーとリンゴを加えて攪拌する。なめらかになったらレモン汁を加える。

ジューサーとミキサーの使い分け

ジューサーは、果物や野菜から繊維質を分離し、水分をしぼり出すもの。繊維質を取り除いているので、さらっと飲めます。一方、ミキサーは、刃で果物や野菜を細かく切り刻み、材料を混ぜ合わせるものなので、とろっとした口当たりになります。

私が使っているのは、コールドプレスジューサーという、低速回転で石臼のように材料をすり潰す器具。高速回転のジューサーだと摩擦熱が発生し、空気で酸化し、酵素やビタミンが破壊されてしまうからです。

菜の花のジュース

ビタミンと鉄分をたっぷり摂って、風邪予防

ケールのジュース

青汁の素、ケールを飲みやすく

【材料(2人分)】

ケールの葉(国産無農薬のもの)
…手のひら大10枚(100g)
リンゴ…1個(250g)
レモン汁…大さじ2(1個分)

【作り方(ジューサー使用)】

❶ケールはよく洗い、2㎝長さに刻む。リンゴは皮を半分むき、芯を除く。

❷ジューサーに①の材料とレモン汁を入れて撹拌する。

【材料(1人分)】

菜の花…1束(200g)
リンゴ…1個(250g)
イヨカン、またはポンカンなど…1個

【作り方(ジューサー使用)】

❶菜の花はよく洗い、2㎝長さに刻む。リンゴは皮を半分むき、芯を除く。イヨカンは横半分に切り、皮と種を取り除く。

❷ジューサーに①の材料を入れて撹拌する。

海藻類も免疫力を高める食べ物

注目は海藻類に含まれる「フコイダン」

免疫細胞の中で、重要な役割を担っている細胞に、NK(ナチュラルキラー)細胞があります。これは、ウイルス感染や細胞の悪性化などによって体内に異常な細胞が発生した際に、それらを攻撃する初期防衛機能としての働きを担っています。

そしてこのNK細胞活性化に、海藻類に含まれる「フコイダン」という成分が効果を発揮することがわかってきました。昆布やワカメ、メカブ、モズクなどの海藻類に含まれるネバネバ物質、水溶性食物繊維の一種がこのフコイダンです。

栄養満点なのに、低カロリー

フコイダンの他にも海藻類は、カルシウム、リン、亜鉛、ヨードなどのミネラルが豊富で、ビタミン類やタンパク質もバランスよく含まれています。さらに低カロリーという、うれしい食材です。

一年中採れる印象がありますが、ワカメやヒジキ、海苔などの旬は4～5月で、春がもっとも栄養価が高く、一番おいしい季節といえます。

スープや味噌汁、サラダや酢のものなど、使いやすい食材なので、ぜひ常備して、積極的に摂ってほしいと思います。

夏レシピ

立夏（5月5日）
〜
立秋前（8月7日）ごろ

夏の暑さで体も疲れやすくなります。
夏バテによって食欲不振になる方が多い時季。
栄養バランスを考えた食事を摂ることを心がけてください。
「冷たすぎるもの」ばかり摂るのは避けましょう。

夏野菜の恵み

夏には、体の余分な熱をとる野菜が多くでまわります。薬膳的には体内の水分を調節する、潤う作用と利尿作用を併せもち、余分な熱を外に出す野菜です。ただ、利尿作用の高い野菜を摂る場合、汗かきの人は、塩分を多少、多く摂ることも必要となります。

紫外線の強いこの時季は、抗酸化力のあるビタミンC、Eや、β-カロテンを豊富に含む野菜も多いので、しっかり摂って、紫外線によるダメージをやわらげましょう。

ゴーヤ
苦みが特長の野菜で、水分が多く体を冷やしてくれる。ビタミンCが豊富で、疲労回復に役立つ。

なす
ナスニンという紫色の成分には、抗酸化作用や老化、がんの予防効果がある。体を冷やす作用が高い。

ピーマン
青臭さのもとであるピラジンで、血液サラサラ。脳血栓や心筋梗塞を予防する効果がある。

ズッキーニ
体内の余分なナトリウムを体外に排出するカリウムや、骨を丈夫にするビタミンKを豊富に含む。

カボチャ
豊富なカロテンとビタミンCが、感染症に対する抵抗力を高める。ビタミンEの含有率が野菜の中でもトップクラスで、強力な抗酸化作用をもつ。

パプリカ
栄養価は赤、オレンジ、黄色の順で高く、色によって多少の差がある。赤にはカプサイシンも含まれ、新陳代謝を高める効果がある。ビタミンA、C、Eを含む優秀野菜。

青パパイヤ
腸に残ったタンパク質を強力に分解する酵素のパパインによって、便通がよくなる。

イタリアンパセリ
一般的なパセリに比べると風味や苦みが少ない。ビタミンB_1を含み、疲労回復効果がある。

夏

タイム

すがすがしい香りが特長のハーブで、ビタミン、ミネラルを豊富に含み、チモールという殺菌力のある成分が食中毒予防に効果を発揮。

ローズマリー

主成分であるロスマリン酸が、抗菌作用や抗ウイルス作用として働く。

オクラ

刻むと出るネバネバ成分、ムチンが胃の粘膜を保護し、胃炎や胃潰瘍を予防する。食物繊維によって便秘が改善。

トマト

夏野菜の代表。トマトの赤は抗酸化作用が高いリコピンの色。体を冷やす作用が高く、体内の熱をとる。ビタミンCとケルセチンが紫外線から肌を守る。

夏野菜そのままサラダ

ハーブの香りで食欲増進。素材をそのまま味わって

【材料(2人分)】

キュウリ…1本、トマト…2個
オクラ…6本
青パパイヤ…1/4個
バジル…3～4本、タイム…2本
たまねぎ酢…大さじ1
塩、こしょう…各少々
インカインチ油…適宜

調理point

オクラのうぶ毛は、軽く洗ってから塩をまぶして表面を指でこするととれます。生で食べるときは、流水にさらして塩気をとってください。

【作り方】

❶野菜はそれぞれをよく洗い、水気をきって食べやすい大きさの薄切りにし、オクラは下処理して縦半分に切る。器に盛りつけ、バジルとタイムを添える。
❷たまねぎ酢に塩、こしょうを軽く加えて混ぜたものをトマトの上にかける。青パパイヤとキュウリには油をかける。食べるときにタイムの葉を穂先からしごいて、バジルも適当な大きさにちぎり、野菜と一緒に食べる。

野菜memo

ここで使った野菜には、暑い時期に体の熱をとる働きがあります。一方、バジルとたまねぎ酢には体をあためる作用があるので、一緒に摂ることで、胃腸の冷えすぎを防ぎます。

夏

セロリとタコのキュウリソース

体を冷やすセロリとキュウリ。利尿作用でむくみ予防

【材料(2人分)】

セロリ…1本
茹でタコの足…100g
キュウリソース
- キュウリ(すりおろし)…1本
- たまねぎ(すりおろし)…大さじ1/2
- レモン汁…大さじ1
- 塩…小さじ1/4、黒こしょう…少々
- オリーブ油や菜種油など…大さじ1

調理point

ボウルですべて具材を混ぜ合わせてから、冷蔵庫で30分ほどおくと、さらに味がなじみます。

【作り方】

❶大きめのボウルでキュウリソースをつくる。たまねぎのすりおろしと、レモン汁、塩、こしょうを混ぜておく。キュウリのすりおろしを加え、好みの油を加えてしっかり混ぜる。

❷セロリの軸は筋をとり、1～2㎝大の乱切りにして、①に入れて混ぜる。

❸タコは流水で洗い、水気をふき、セロリよりやや小さめの乱切りにして、②に入れてよく混ぜ合わせる。

赤パプリカと鶏肉のおろし和え

青パパイヤの和えもの

赤パプリカと鶏肉のおろし和え

赤パプリカのカプサイシンと、鶏肉のタンパク質で夏バテ対策

【材料(2人分)】

鶏むね肉…40g
塩、こしょう…各少々
酒…大さじ3
赤パプリカ…1/2個
キュウリ…1/2本
大根おろし…1/2カップ(軽く水気をきる)
たまねぎ酢…大さじ1
塩…小さじ1/5
シソ…2枚

野菜memo

パプリカの赤い色素、カプサイシンは、β-カロテンよりも高い抗酸化作用があります。

【作り方】

❶鶏むね肉を流水で洗い、水気をふいてから、塩、こしょうをすりこんでおく。それをフライパンに入れて酒を振り、蓋をして中火で蒸す。沸騰したら火を弱めてさらに2～3分蒸してから火を止めて、室温になるまで冷ます。蒸し汁はとっておく。
❷大きめのボウルに大根おろし、たまねぎ酢、塩を入れてよく混ぜる。鶏肉を細かくほぐして加え、その蒸し汁大さじ1も加えて、しっかり和える。
❸赤パプリカはへたと種を取り除き、縦3～4等分に切り、横にして薄切りにする。薄切りにしたキュウリも加えてよく和えて味をなじませる。器に盛ってシソの千切りを飾る。

青パパイヤの和えもの

青パパイヤの酵素が、紫外線から肌を守る。夏にうれしい食材

【材料(2人分)】

青パパイヤ…1/8～1/9個(80g)
レモン汁…小さじ1
ショウガ…薄切り5枚
塩…小さじ1/5
カイエンペッパー、または一味唐辛子
…少々

【作り方】

❶パパイヤを縦半分に切り、種を取って皮をむく。薄切りにしてから3㎝長さの丁切りにし、ボウルに入れて、レモン汁をかけて和える。
❷ショウガを千切りにし、①に入れて塩を振り、よく混ぜる。器に盛り、カイエンペッパーを振る。

野菜memo

パパイヤにはビタミンCが豊富に含まれ、リンゴ酸やクエン酸、食物繊維も含まれています。和えものやサラダ、炒めものなど、いろいろな調理に活用できます。

カボチャサラダ

ゴーヤサラダ

カボチャサラダ

カボチャのビタミンB_1で疲労回復、イライラ解消

【材料(2人分)】

西洋カボチャ…100g（正味）※
白ワイン…大さじ2、水…大さじ2
オレンジ…1個
紫たまねぎ…1/4個(30g)
ロメインレタス…2枚
レモン汁…小さじ1
塩…小さじ1/4、黒こしょう…少々
麻の実油など(オメガ3系の油)
…大さじ2
アーモンド…小さじ1

野菜memo

西洋カボチャのほうが、日本カボチャよりも栄養的には優秀。カロテン、ビタミンの含有量が高く、ビタミンEはすべての野菜の中でもトップクラス。

※「正味」とは、食材から皮、種子、芯などを除いて実際に使う部分の分量のことです。

【作り方】

❶カボチャは種を取り除き、煮崩れを防ぐために皮を半分だけむいて、1㎝厚さの食べやすい大きさに切る。フライパンにカボチャと白ワイン、水を入れ、蓋をして中火にかける。沸騰してきたら弱めの中火にして3～4分蒸す。カボチャに竹串をさして、すっと通るぐらいの硬さになったら火を止める。蒸しすぎると煮崩れするので注意する。

❷オレンジは包丁で外皮をむき、一房ごと果肉を切りとり、それを半分に切る。内皮に残った果肉をしぼり、果汁をとっておく。紫たまねぎは薄切りにし、水にさらしてひと混ぜしてから水気をきる。洗ったロメインレタスは千切りにして水気をしっかりきる。

❸大きめのボウルにレモン汁とオレンジ果汁、塩、こしょう、油を加えてよく混ぜる。そこに①のカボチャとオレンジを加えて和える。器にロメインレタスを敷き、上にカボチャを盛りつけ、刻んだアーモンドをかけ、紫たまねぎを散らす。

ゴーヤサラダ

体の熱をとるゴーヤとトウモロコシ。夏に欠かせない栄養野菜

【材料(2人分)】

ゴーヤ…1/2本
トウモロコシ…1本(100g正味)
たまねぎ酢…大さじ1
米油…大さじ1弱
塩、黒こしょう…各少々
白ごま…小さじ2

食材memo

白ごまにも体の余分な熱をとる作用があります。さらにサラダにぐっとコクが増します。

【作り方】

❶ゴーヤは縦半分に切り、種をスプーンでとって、1～2㎜厚さに切る。トウモロコシは生のまま、または蒸したり、茹でたりしたものを、2等分の長さにして、実を包丁でこそげるように切る。

❷ゴーヤを軽く塩もみし、しんなりしたら流水で洗い、水気をきる。それをボウルに入れて、たまねぎ酢、油、塩、こしょうを加えて和える。トウモロコシの実をほぐしながら加えてよく和える。白ごまは軽く炒り、香りを立たせてから包丁で刻み、8割ほど加えて和える。器に盛り、残りの白ごまを上からかける。

モロヘイヤと水菜のさっぱり豆腐サラダ

血糖値を抑えるモロヘイヤ。さっぱり味が夏にぴったり

【材料(2人分)】

モロヘイヤ…1/2袋(30g)
シソ…5～6枚、青唐辛子…1本
ミョウガ…2個、水菜…2束(50g)
絹ごし豆腐…1/2丁
カボチャの種…小さじ2
薄口しょうゆ…小さじ1
酢…大さじ1、塩…小さじ1/3

食材memo

モロヘイヤはエジプトでは、王様の野菜といわれるほど栄養価が高く、ネバネバ成分が粘膜を守ります。

【作り方】

❶モロヘイヤ、シソ、青唐辛子と、ミョウガ1個をみじん切りにする。ミョウガのもう1個を縦に薄切りにし、水にさっとつけてアクをぬく。水菜は3㎝長さのざく切りにし、洗って水気をよくきる。豆腐はペーパータオルで包んで水気をしっかりきって、1㎝角大に切る。カボチャの種は粗みじん切りにする。
❷大きめのボウルにモロヘイヤ、シソ、青唐辛子、ミョウガを入れて、しょうゆ、塩、酢を加えて和える。豆腐も加えてさらに和える。
❸器に水菜を敷き、②を盛る。カボチャの種をちらし、ミョウガの薄切りを飾る。

夏

オクラとサヤインゲンの白和え

オクラのネバネバ成分が胃を守る。なめらか味に箸が進む

【材料(2人分)】

オクラ…5本
サヤインゲン…40g
絹ごし豆腐…1/4丁
白ごま…大さじ1
塩…小さじ1/5
オリーブ油…大さじ1

【作り方】

❶オクラは軽く洗ってから塩をまぶし、うぶ毛を指でこすりとる。オクラと、筋をとったサヤインゲンを沸騰した湯に入れて茹でる。氷水にさらして十分に熱をとってから水気をきる。オクラは小口切りに、サヤインゲンは2～3㎝長さに切る。

❷大きめのボウルに、水切りをした豆腐を入れて、なめらかになるまで混ぜる。炒った白ごまと塩を加えて混ぜ、油も加えてよく混ぜ合わせる。

❸②にオクラとサヤインゲンを加えて和える。

焼き夏野菜

野菜の甘みがさらにアップ。
絶品ハーブオイルで爽やか味

オーブンに
おまかせ

【材料(2人分)】

パプリカ(赤) …1/2個(100g)
パプリカ(黄) …1/2個(100g)
ピーマン…2個
なす…1個
トウモロコシ…1/2本
枝豆…10房
A
　ハーブオイル…大さじ3
　塩、こしょう…各少々
ローズマリー、タイム…適宜

【作り方】

❶パプリカとピーマンは種とへたをとり、食べやすい大きさに切る。なすは1㎝厚さの輪切りにして、塩水に5分ほどつけてアクをぬく。トウモロコシは食べやすい大きさに切る。枝豆はさやを塩もみしておく。

❷オーブンを180～200℃にあたためたら、天板にクッキングシートを敷き、①の野菜を並べて、軽く塩、こしょうを振って12～13分焼く。好みによって香りづけにローズマリーやタイムなどのハーブを添える。トウモロコシと枝豆の焼き具合を確認し器に盛る。

❸Aを混ぜ合わせて②に添える。

調理point

オーブンではなくて、フライパンでも焼き野菜ができます。フライパンに薄く油を引いて、野菜を並べてから蓋をし、中火で焼く。途中で上下を返して両面を焼いてください。

暑さで食欲も落ちるとき。そんな夏でも、
食べやすくすっきりした味わいのスープをご紹介します。

冬瓜と鶏団子のスープ

夏野菜のスープ

夏野菜のスープ

丸麦入りの食べる野菜スープで、疲れ知らず

【材料(2人分)】

トマト…小1個、なす…1/2個
ズッキーニ…1/2個
たまねぎ…1/2個(100g)
大麦(丸麦)…大さじ2
水…500ml
白ワイン…大さじ1
固形コンソメ…1/4個
塩…小さじ1/4
黒こしょう…少々
ローズマリー(好みで)…3cm長さ1~2本

【作り方】

❶すべての野菜を8mm角に切る。なすとズッキーニは、水に5分ほどつけてアクをぬく。大麦は小さなボウルに入れて指先でもんで研ぎ、2～3回ほど水で「すすぎ」をする。

❷鍋に水500mlを入れ、たまねぎ、大麦を入れて火にかける。沸騰したらアクをとり、残りの野菜と白ワイン、コンソメを加えて煮る。再沸騰したら再びアクをとり、ローズマリーを加える。弱火で野菜がやわらかくなるまで7～8分煮てから、塩、こしょうで味を調える。

調理point

ローズマリーの香りが苦手な人は、タイムやオレガノに変えてもOK。ハーブは食欲を増進させてくれます。

冬瓜と鶏団子のスープ

利尿作用のある冬瓜と、「気」を養う鶏肉。むくみや夏バテ解消に！

【材料(2人分)】

冬瓜…100g(正味)
キュウリ…1/2本(50g)
鶏団子
　鶏肉むねひき肉…100g
　たまねぎ(すりおろし)…大さじ1
　酒…大さじ1、塩…小さじ1/6
水…450ml、ショウガ(スライス)…6枚
干ししいたけ…2枚
酒…大さじ1、しょうゆ…大さじ1/2
塩、こしょう…各少々

【作り方】

❶冬瓜は幅2cm、厚さ6～7mmに切り、キュウリは厚めの小口切りにする。干ししいたけは、ぬるま湯100mlで戻し、戻し汁はとっておく。戻したしいたけの軸をとり、厚めの薄切りにする。

❷鶏団子は、鶏ひき肉に酒、塩を加えて粘りが出るまでよく混ぜてから、たまねぎのすりおろしを加えてさらに混ぜる。

❸鍋に水450mlと、干ししいたけの戻し汁を茶こしでこしながら加えて、火にかける。煮立ったらショウガ、干ししいたけ、冬瓜を加えて煮る。冬瓜が透明になったら②をスプーンで丸めて鍋の中に落とし、酒も加えて煮る。鶏団子が浮き上がってきたらアクをとり、2～3分煮てキュウリを加えて、しょうゆ、塩、こしょうで味を調える。

野菜memo

冬瓜は95%以上が水分で低カロリー。ビタミンCが豊富なので、免疫力アップに効果があります。

ガスパチョ風冷製グリーンスープ

熱に弱いモロヘイヤは冷たいスープにして。自然のとろみがのどにやさしい

【材料(2人分)】

モロヘイヤ…1/2袋(30g)
オクラ…5本(30g)
豆乳…100ml
固形コンソメ…1/4個
塩…小さじ1/5
黒こしょう…少々
ニンニクオイル…小さじ1

野菜memo

モロヘイヤに含まれるカルシウムは、ほうれん草やブロッコリーよりも多いので、暑さでイライラしがちな夏のお助け野菜です。

【作り方】

❶モロヘイヤは葉を摘み、よく洗って水気をきり、ざく切りにする。オクラは塩をまぶしてうぶ毛を指でこすりとる。軸を切って薄切りにし、飾り用に薄切り2枚をとっておく。
❷ミキサーにモロヘイヤとオクラ、豆乳を加えて、なめらかになるまで攪拌する。
❸コンソメを湯150mlで溶かしておく。それを②に入れて、塩、こしょうも加えて、さらに攪拌する。器に移し、ニンニクオイルをたらし、オクラの薄切りを飾る。

暑さと湿気が心と体の負担に。ジュースで栄養補給

ブラックベリーのスムージー

甘酸っぱいブラックベリーに、桃の甘みを加えておいしさアップ

夏

【材料（2人分）】

ブラックベリー（冷凍も可）…200g
桃…大1個（250g）
　＊桃のかわりに梨でもOK
レモン…1個

果物memo

木イチゴの仲間であるブラックベリーは、ポリフェノールを豊富に含んでいるので、抗酸化作用に優れた果物です。

【作り方（ミキサー使用）】

❶桃は皮をむき、種をとって、3cm大に切る。ブラックベリーとともにミキサーにかける。
❷なめらかになったら、レモンをしぼり器などでしぼって、①と混ぜ合わせる。

キュウリとトマトのジュース

暑さで食欲不振のときの、栄養補給に

【材料(2人分)】

キュウリ…1本
トマト…大1個(300g)
レモン汁…大さじ2
ニンニクオイル…少々
塩、こしょう…各少々

【作り方(ジューサー使用)】

❶キュウリとトマトをよく洗い、2㎝大に切り、ジューサーに入れてしぼる。グラスに移してからニンニクオイル、塩、こしょうを加えてよく混ぜる。

スイカとレモンのジュース

スイカに酸味と塩味を加えて、熱中症予防!

【材料(2人分)】

スイカ…400g
レモン…1個
塩…1つまみ

【作り方(ジューサーを使用)】

❶スイカは皮をむき、3㎝大に切る。レモンは半分に切り、レモンしぼり器などで果汁をしぼる。
❷ジューサーにスイカを入れてしぼり、レモン汁と塩を加えて混ぜ合わせる。

スイカとレモンのジュース

キュウリとトマトのジュース

秋

レシピ

立秋（8月7日）
～
立冬前（11月7日）ごろ

夏の疲れが体にたまって、
秋を迎えても何だか体がだるいという方も多いのでは。
それは夏に「気」と「水分」を消耗したからです。
秋の野菜や果物をしっかり摂って、消耗を回復しましょう。

秋野菜の恵み

夏の時季に体力を消耗し、疲れがどっと出る秋。体が弱ると気持ちも沈みがちになるので、しっかりと栄養を補って心身ともにリセットしたいものです。

穀類や、秋に出まわる芋類は「気」を養い、夏の暑さで失った「気」を補います。秋から冬へと、寒い季節に向かって体力、気力を維持するためには、エネルギー源である穀類もしっかり摂りましょう。

また、秋の味覚の代表であるきのこ類も、食物繊維とビタミンをたっぷり含んでいるのでおすすめ食材です。

長芋

消化酵素や食物繊維が豊富に含まれ、胃腸の働きを助ける。腸内環境が整うことによって免疫力がアップ。疲労回復効果もある。

里芋

独特のぬめり成分であるムチンやガラクタンは、不溶性の食物繊維の一種で、胃の粘膜を保護したり、コレステロール値を下げる効果がある。

ゆりね

古来から、高い薬膳効果が注目されている。薬膳的には体の余分な熱をとり、〝心神〟を安定させる。

レンコン

抗酸化作用の高いビタミンCが豊富に含まれている。アクのもとであるタンニンも抗酸化成分の一種で、炎症を抑える作用があり、胃炎や胃潰瘍の改善に効果を発揮。

菊花（食用）

ビタミンB$_1$、ビタミンE、アミノ酸が含まれ、めまいや目の疲れ、解毒や消炎、鎮静作用などに効果があるとされる。色素にポリフェノールが豊富に含まれる。

春菊

免疫力を高めるβ-カロテンをはじめ、カルシウムやミネラルも多く含む。独特な香り成分のイソボルネオールが、胃腸の働きやのどの調子を改善する。

青梗菜

イオウ化合物を含み、カロテンやビタミンが豊富なため、抗酸化作用が充実。フィトケミカルやビタミンによって動脈硬化やがん予防が期待できる。

秋

ブロッコリー
ビタミンやミネラルをたっぷり含んだ栄養の宝庫。とくにビタミンCは、レモンよりも豊富に含まれているので、美肌や老化防止効果がある。

カリフラワー
キャベツの約二倍のビタミンCは、免疫力を高める白血球の働きを促すほか、発がん物質であるニトロソアミンの合成を抑え、ストレスを弱める作用がある。

マイタケ
ビタミンB群が多く含まれるきのこ類の中でも、マイタケはトップクラスの含有量を誇る。ビタミンB_1には代謝を高めて疲労回復効果がある。

ハナビラダケ
多くのきのこに含まれている免疫機能を活発化し、抗がん効果があるβ-グルカンが多く含まれている。

小松菜、にんじんとヒジキの和えもの
長芋とカイワレの和えもの
菊花とレンコンの和えもの

秋

菊花とレンコンの和えもの

菊花が体に残った余分な熱をとる

【材料(1～2人分)】

菊花(食用)…3輪
レンコン…5～6㎝(100g)
酢…大さじ1/2、みりん…小さじ1
塩…少々、たまねぎ酢…大さじ1

調理point

菊花は、さっと洗って茹でてから、冷水にとって色止めをしてください。粗熱がとれたら水気をしぼっておきましょう。

【作り方】

❶レンコンの皮をむき、酢水につけてから縦半分に切り、薄切りにする。湯を沸かしてレンコンをさっと茹でてから、ザルに上げて冷ます。

❷ボウルに酢と、みりん、塩を入れてよく混ぜ、たまねぎ酢も加えて混ぜ合わせる。下処理した菊の花びらをガクから外してボウルに入れてよく混ぜる。レンコンも加えて全体に味がなじむように混ぜ合わせる。30分ほどつけておくと味がなじむ。

長芋とカイワレの和えもの

「気」を養う長芋。疲労回復に強力効果

【材料(1～2人分)】

長芋…30g
カイワレ大根…1/2パック(50g)
ラッキョウ甘酢…30g
ラッキョウの漬け汁…大さじ1/2
塩…適宜

【作り方】

❶長芋は皮をむいて酢水につける。カイワレは根元を切り、2㎝長さに切る。長芋は4㎝長さの千切りにする。

❷ラッキョウは粗みじん切りにする。ボウルに長芋とラッキョウ、ラッキョウの漬け汁を加えて和え、カイワレも加えてしっかり和える。味が薄いようであれば、塩を少々加える。

小松菜、ニンジンとヒジキの和えもの

β-カロテンがたっぷり摂れる、優秀食材の組み合わせ

【材料(1～2人分)】

小松菜…120g、ニンジン…20g
酒…大さじ1
生ヒジキ(乾燥ヒジキでも可)…50g
ニンニクオイル…大さじ1/2
しょうゆ…大さじ1/2
ごま油…小さじ1/2

調理point

生ヒジキは茹でたら、ザルに広げて冷まして水気をきり、さらに2枚重ねにしたペーパータオルに包んで水気をしっかりきりましょう。乾燥ヒジキも水に戻して、茹でてください。

【作り方】

❶小松菜は2㎝長さに切り、ニンジンは皮をむき千切りにする。それをフライパンに入れて、酒をまわしかける。蓋をして火をつけ、煮たったら中火にして30秒ほど蒸す。蓋をとり、野菜を広げて冷ましてから、ペーパータオルで水気をきる。

❷ボウルにニンニクオイル、しょうゆ、ごま油を加えてよく混ぜてから、下処理をしたヒジキを加えて混ぜ合わせる。小松菜とニンジンを加えてさらによく混ぜ合わせる。

春菊、菊花、長ねぎと白インゲン豆のサラダ

菊花のポリフェノールと、春菊のカロテンで免疫力アップ

【材料(1～2人分)】

春菊(葉のみ) …1/2束
菊花…黄色と紫(小)を各2輪
長ねぎ…1本
白インゲン豆(水煮) …大さじ山盛り3
絹ごし豆腐…1/4丁
塩、こしょう……適宜
インカインチ油、
　または麻の実油…大さじ1
レモン汁…大さじ1
白いりごま…小さじ2

【作り方】

❶春菊は葉を2～3cm長さに切る。長ねぎは斜め薄切りにする。菊花は洗って水気をきり、花びらをガクから外す。豆腐はペーパータオルを2～3枚重ねて包み、水気を軽くきってから、8mm角ほどのサイコロ状に切る。白インゲン豆は熱湯をまわしかけて、水気をきる。

❷ボウルに油、レモン汁、塩小さじ1/4、炒ったごまを混ぜ合わせる。そこへ長ねぎを加えてよく混ぜる。白インゲン豆、春菊、豆腐の順に混ぜていき、菊花を飾り用に少し残して加える。しっかり混ぜ合わせたら器に盛り、残した菊花を散らす。

秋

レンコン、長芋、小松菜のサラダ

レンコンと長芋のダブルネバネバで、粘膜保護

【材料(1～2人分)】

レンコン…5～6㎝(100g)
長芋…100g
小松菜…1/2束(100g)
雑魚(じゃこ)…10g
酒…大さじ2
たまねぎ酢…大さじ1
塩…少々

調理point

レンコンと長芋のシャキシャキ食感がなくならないように、火にかけすぎないことをおすすめします。

【作り方】

❶レンコンと長芋は皮をむき、酢水につけてスライサーなどで薄い輪切りにする。小松菜は2㎝長さに切る。

❷フライパンに小松菜を入れて、その上に水気をきったレンコンと長芋をのせ、雑魚を入れ、酒をまわしかける。蓋をして火にかけ、沸騰したら中火にして30秒ほど蒸してから火を止める。たまねぎ酢と塩を入れ、軽く混ぜる。

ニンジンのアーモンド和え

ブロッコリーとカリフラワーのサラダ

郵 便 は が き

料金受取人払

神田局承認

3322

差出有効期限
平成30年 8 月
31日まで

101－8791

509

東京都千代田区神田神保町 3-7-1
ニュー九段ビル

清流出版株式会社 行

フリガナ		性	別	年齢
お名前		1. 男	2. 女	歳
ご住所	〒 TEL			
Eメール アドレス				

お務め先 または 学校名	
職種 または 専門分野	
購読されている 新聞・雑誌	

※データは、小社用以外の目的に使用することはありません。

からだの中から、キレイになる
毎日ベジレシピ
ご記入・ご送付頂ければ幸いに存じます。　初版2017・3　**愛読者カード**

---

❶本書の発売を次の何でお知りになりましたか。

1 新聞広告（紙名　　　　　　　　　　）2 雑誌広告（誌名　　　　　　　　　　）

3 書評、新刊紹介（掲載紙誌名　　　　　　　　　　　　　　　　　　）

4 書店の店頭で　　5 先生や知人のすすめ　　6 図書館

7 その他（　　　　　　　　　　　　　　　　　　　　　　　　　　　）

---

❷お買上げ日・書店名

年　　月　　日　　　　市区町村　　　　　　　　書店

---

❸本書に対するご意見・ご感想をお聞かせください。

---

❹「こんな本がほしい」「こんな本なら絶対買う」というものがあれば

---

❺いただいた ご意見・ご感想を新聞・雑誌広告や小社ホームページ上で

（1）掲載してもよい　　（2）掲載は困る　　（3）匿名ならよい

ご愛読・ご記入ありがとうございます。

秋

ニンジンのアーモンド和え

ニンジンのβ-カロテンで疲労回復。軽く湯がいて食べやすく

【材料(1～2人分)】

ニンジン…1本(120g)
アーモンドのみじん切り…大さじ2
ニンニクオイル…小さじ1
米油、またはオリーブ油…大さじ1/2
塩、こしょう…少々
リーフレタス…4枚
パセリのみじん切り…大さじ1

食材memo

アーモンドには、カルシウムやカリウム、鉄、マグネシウムなどのミネラルや、抗酸化作用の高いビタミンEが豊富に含まれているので、免疫力のアップに役立つ食材です。

【作り方】

❶ニンジンは皮をむき、斜め薄切りにしてから千切りにする。沸騰した湯にニンジンを入れて30秒ほど湯がき、ザルに上げ広げて冷ます。
❷ボウルにニンニクオイルと油を加えて混ぜ合わせ、軽く塩、こしょうをしてからさらに混ぜる。ニンジンの汁気をしぼり、ほぐしながら加えてしっかりと和える。
❸②にアーモンドを少し残して加え、パセリも加えてさらに和える。塩、こしょうで味を調える。器に盛った上に、とり分けたアーモンドを散らす。

ブロッコリーとカリフラワーのサラダ

ビタミン、ミネラルに体がよろこぶ。免疫力アップの一品

【材料(1～2人分)】

ブロッコリー…1/4～1/5個(70g)
カリフラワー…1/4～1/5個(70g)
ひよこ豆(水煮)…80g
ハーブオイル…大さじ1
たまねぎ酢…大さじ2
唐辛子(小口切り)…小1本
塩、こしょう…少々

野菜memo

ブロッコリー、カリフラワーはアブラナ科の食物で、抗酸化力のある硫化アリルや、ビタミンC、Uが豊富に含まれています。

【作り方】

❶ブロッコリーとカリフラワーは、食べやすい大きさの2㎝大に切り分け、軸も同様に切る。沸騰した湯に入れてひと煮たちさせて、再沸騰したらザルに上げ、水気をしっかりきる。
❷ひよこ豆はザルにあけ、熱湯をまわしかけて水気をきる。ボウルに入れてハーブオイルを加えよく和える。たまねぎ酢を加えてから、①を入れて味をなじませる。
❸唐辛子を加え、塩、こしょうで味を調える。

焼き秋野菜

野菜の甘みがさらにアップ。
サンマのビタミンB_2を加えて精神安定

オーブンに
おまかせ

野菜memo

ごぼうは、水溶性食物繊維と不溶性食物繊維の両方が豊富に含まれる優れた食材。便秘解消、糖尿病予防、がん予防に効果を発揮。

【材料（2人分）】

ごぼう…1本（長さ20㎝）
レンコン…5～6㎝（100g）
里芋…小3個
ニンジン…1/3本
紫たまねぎ…1/2個
サンマ…1尾
A
　酒…大さじ2
　しょうゆ…大さじ1と1/2
　黒こしょう…適宜
ローリエ…4枚
ニンニクオイル…大さじ2
ソース
　たまねぎ酢…大さじ2
　塩…小さじ1/5
　刻みアーモンド…大さじ1と1/2

食材memo

秋の味覚の代表のひとつ、サンマ。血液をサラサラにするEPAと、脳によい栄養素DHAや、精神を安定させたり、貧血を予防したりするビタミンB_2が豊富に含まれている優れた食材。

【作り方】

❶サンマは頭と腹ワタを除き、血合いが残らないようによく洗い、水気をペーパータオルでとる。尾を切り落とし4等分に切り、Aにつけておく。
❷ごぼうは縦半分に切り、長さを3等分にし、酢水につける。レンコンは皮をむき、7～8㎜厚さに切ってから、それをさらに半分に切り、酢水につける。たまねぎは6等分のくし形に切る。里芋はよく洗い、上下を切り落として縦半分に切る。ニンジンは厚めの輪切りにする。
❸耐熱皿にニンニクオイルのオイルだけを薄く塗り、①と②の材料を並べる。野菜とサンマに残りのニンニクオイルを塗り、サンマの間にローリエを挟む。器の上をアルミホイルで覆って、180℃にあたためたオーブンに入れて15分ほど焼く。焼き具合を見てアルミホイルをとり、全体に軽く焼きめがついたらオーブンから出す。
❹ソースの材料を混ぜ合わせて③に添える。

調理point

ローリエは、肉や魚料理の際に、風味づけや臭い消しとして使われます。サンマとサンマの間にローリエを挟むと、より風味が増します。

里芋とたまねぎのスープ

ごぼうとカリフラワーのスープ

肌寒くなるこの時季は、あたたかいスープに体よろこぶ。
体があたたまると、心もリラックスします。

里芋とたまねぎのスープ

胃腸の「気」を補う里芋で疲労回復。とろりとやさしい味わい

【材料(1～2人分)】

里芋…2～3個(100g正味)
たまねぎ…小1/4個(40g)
固形ブイヨン…1/4個
水…150ml
豆乳…1カップ
塩、ナツメグ…少々

食材memo

ナツメグでスープの風味にアクセントを。野菜の青臭さを消す効果もあります。

【作り方】

❶里芋は洗って蒸す。たまねぎは薄切りにしてからみじん切りに。鍋にたまねぎとブイヨンと水を入れて火にかける。煮たったら弱火にして、たまねぎがやわらくなるまで煮る。

❷里芋は皮をむき、①と一緒にミキサーにかける。鍋に戻し火をつけて、豆乳を加えてかきまぜる。なめらかにしてから、塩とナツメグを加える。器に盛り、仕上げにさらにナツメグを振る。

ごぼうとカリフラワーのスープ

隠し味のみそで濃厚、クリーミーに。ビタミンCがたっぷり摂れる

【材料(1～2人分)】

ごぼう…1/2～1/3本(100g)
カリフラワー…1/3個(100g)
たまねぎ…小1/4個(40g)
オリーブ油…大さじ1/2
酒…大さじ1/2
水…1カップ(200ml)
固形ブイヨン…1/4個
みそ…大さじ1と1/2
塩、こしょう…少々
湯…50ml

【作り方】

❶ごぼうは薄切りにして酢水につける。カリフラワーを細かく刻み、たまねぎはみじん切りにする。フライパンに油を引き、たまねぎを炒め、しんなりしたらごぼうを加えて炒める。油がまわったらカリフラワーも加えてひと炒めし、酒、水、ブイヨンを加えて煮る。

❷野菜がやわらかくなったら、ミキサーに入れて、みそも加えてなめらかにする。鍋に戻して湯を加えて火にかけ、塩、こしょうで味を調える。

ゆりねとブロッコリーのスープ

胃腸の働きを整えるあたたかスープ。ゆりねは薬膳では“心神安心”作用をもつ

【材料(1～2人分)】

ゆりね…1個(120g)
ブロッコリー…40g
長ねぎ(みじん切り)…50g
だし(かつお節、または昆布)…3カップ
酒…大さじ1
塩、こしょう…適宜

attention

ゆりねは乾燥に弱く傷つきやすいので、強く握ったり、こすったりしただけで褐変するので注意してください。

【作り方】

❶ゆりねは、鱗片を根元から外し水に入れて汚れを洗う。さらに色が褐変している部分も取り除く。ブロッコリーはみじん切りにする。

❷鍋に長ねぎとゆりねを入れて、だし2カップを加えて煮る。煮たったら弱火にして、ゆりねがやわらかくなるまで煮る。

❸②をミキサーにかけるか、ザルで濾す。そこにブロッコリーと酒を加えて、さらに5分ほど煮る。水分が足りなければ残りのだしを足す。

❹ブロッコリーに火が通ったら、塩、こしょうで味を調える。

青梗菜《チンゲンサイ》ときのこのスープ

血のめぐりをよくする青梗菜と黒キクラゲ。栄養満点スープ

【材料(1～2人分)】
青梗菜…1株
黒キクラゲ(乾燥)
…5g(ひと晩水につけて戻す)
ハナビラダケ…30g
水…2カップ
鶏ガラスープの素…小さじ1
酒…大さじ1
塩…小さじ3/5

attention

キクラゲはほうれん草と一緒に食べると、カルシウムの吸収を妨げるので注意しましょう。

【作り方】

❶キクラゲとハナビラダケは根元の硬いところがあれば切りとり、一口大にちぎる。鍋に水を入れ、キクラゲとハナビラダケを入れて火にかける。煮たったら弱火で3分ほど煮る。

❷青梗菜は軸と葉を切り分け、軸は7㎜幅ほどに斜めに切り、葉も1㎝幅に斜めに切る。①に鶏ガラスープの素と酒を加えてひと煮たちさせたら、青梗菜の軸を入れ、煮えたら葉も加えて塩で味を調える。

実りの秋に、たっぷりと果物を摂りましょう。

ザクロのスムージー

「女性の食べもの」ザクロを丸ごと摂取

【材料(1人分)】

ザクロ…1個(200g正味)
リンゴ…80g(正味)
はちみつ…適宜

【作り方(ミキサー使用)】

❶ザクロの実を割って中の粒を取り除く。リンゴは皮と芯を取り除き、薄く切る。

❷①の材料をミキサーにかける。味をみて酸味が強ければ、はちみつを適量足して混ぜる。

果物memo

ザクロにはポリフェノールやビタミンがたっぷり。活性酸素を除去してアンチエイジング。

柿のスムージー

体を冷やす秋の味覚に、シナモンを加えて緩和

【材料(1人分)】

柿…150g
リンゴ…100g
シナモン…少々

【作り方(ミキサー使用)】

❶柿とリンゴは皮をむき、芯をとってから薄く切る。ミキサーに入れて必要であれば水を50mlほど加える。なめらかになるまで攪拌し、シナモンを加えて混ぜ、グラスに注ぐ。その上にシナモン少々を振る。

果物memo

柿とリンゴのビタミンCは、疲労回復や、かぜ予防、がん予防に効果を発揮します。

ザクロのスムージー

柿のスムージー

秋

梨とぶどうのジュース

夏に失った「水分」を補い、体を潤す梨とぶどう

【材料(1人分)】

梨…150g
ぶどう(種類はベリーAなど好みで)
…100g
レモン汁…小さじ1

【作り方(ジューサー使用)】

❶梨は皮をむき、芯を取り除く。ぶどうは房から外して半分に切る。
❷ジューサーに①の材料を入れてしぼる。そこにレモン汁を加え、混ぜてからグラスに注ぐ。

果物memo

梨にはタンパク質を分解するプロテアーゼが含まれているので消化を助けます。ぶどうのブドウ糖は疲労回復や、病中病後の栄養補給に最適です。

フルーツパワーでストレス解消！

ポリフェノールが抗酸化作用を発揮

　免疫力を高めるには、抗酸化作用の高いβ-カロテン、ビタミンCをたっぷり摂ることが必要です。これらが手早く摂れるのが果物。さらに果物全般に多く含まれているのが、ポリフェノール類。フラボノール、カテキン、アントシアニンなどの物質の総称で、主な働きとしては、体の中の酸化を抑制し、活性酸素の働きを抑えるという作用をします。

　ベリー類や柑橘類、キウイ、ザクロなどのほか、ぶどう、リンゴ、レモン、みかん、ゆずなど季節の果物などもたっぷり食べてください。

注目のザクロ、ベリー類、柑橘類

　近年、注目されているのが、果物の中でも抗酸化物質が豊富に含まれているといわれるザクロとベリー類、柑橘類です。ザクロに豊富に含まれるビタミンCには、ストレスをやわらげ、イライラをしずめる効果も期待できます。ベリー類も同様に優秀な果物ですが、ベリー類の中でもとくにポリフェノールの含有率が高いのがブルーベリーです。また、日本産の柑橘類に含まれている、ノビレチンという新陳代謝が活発になる成分も注目されています。

　野菜と同様、果物もパワーフードなので、積極的に摂ってください。

冬

レシピ

立冬（11月7日）
〜
春分前（3月20日）ごろ

寒さで体力が低下する冬は、感染症や血行不良が
気になる季節。
体温が下がると免疫力も落ちるので、
体をあたためる食事で細菌や寒さから身を守りましょう。

冬野菜の恵み

冬においしくなるねぎ類やニラは、体をあたためて冷えを防ぎます。また緑の濃い野菜にはカロテン類、葉緑素などが多く含まれるので、免疫力を高め、風邪などから体を守ります。

ただ、根菜類や葉もの野菜の性質として、「寒涼性」のものが多いので、ショウガ、唐辛子、シナモン、八角、こしょうなどの体をあたためる働きのあるものと組み合わせましょう。大根やかぶなどは、生で食べることによって消化を助けます。

ほうれん草
貧血予防に欠かせない鉄分を多く含む。緑の葉、葉緑素にはアルコールを解毒する作用がある。

ねぎ
緑色の部分にはβ・カロテン、ビタミンCが、白い部分はアリシンが多く含まれ、疲労回復や精神安定に作用する。「温性」で体をあたためる力がある。

ゆず
果物のゆずはにはビタミンCやクエン酸、リンゴ酸が含まれ、疲労回復効果が得られる。

大根
葉から根まで栄養豊富な優等生野菜。とくに葉のほうが栄養が豊富に含まれる。白い根には消化酵素が多く含まれていて、でんぷんの消化を助け、胃腸の働きをよくする。

白菜
必須ミネラルのひとつモリブデンが含まれて、体内の代謝や発がん物質を分解する働きに効果を発揮する。

ビーツ
特長的な赤い色素は、ベタシアニンで強い抗酸化作用がある。ビタミンや鉄分も豊富に含む。

かぶ
抗がん成分のグルコシアネートが、根と葉に多く含まれる。葉の部分に含まれるβ・カロテンの含有量もブロッコリーの三倍以上。

クレソン
栄養密度がトップクラスの野菜。β・カロテン、ビタミン、ミネラル、食物繊維がバランスよく含まれる。

冬

みぶ菜
ビタミンC、β-カロテン、カリウム、カルシウムなどが豊富に含まれる。免疫力強化や疲労回復、肌荒れ改善などに効果がある。

カーボロネロ
イタリア産で、日本では「黒キャベツ」と呼ばれている。キャベツよりもビタミンCが多く含まれているため、抗酸化作用が高い。

ニラ
フィトケミカルの一種、アリシンが胃を刺激して消化を促進。抗酸化作用の高いミネラル成分のセレンも豊富に含む。「温性」で体をあたためる力が強い。

白菜と生鮭、ホタテの蒸し煮

低カロリーでビタミンCや食物繊維が豊富な白菜。便秘や肌荒れ解消に

【材料(2人分)】

白菜…大2枚
エリンギ…3本
生鮭…2切れ
ホタテ貝柱…6個
酒…大さじ2＋大さじ2
水…大さじ1
豆板醤(ゆずこしょうでもOK)
…小さじ1/4

食材memo

鮭は「温性」の食べ物。豆板醤の唐辛子でさらに体があたたまります。

【作り方】

❶鮭とホタテは流水でさっと洗い、水気をふき、酒大さじ2を振る。白菜は洗って、水気をよくきり、白い軸と葉を切り分ける。軸は5㎝長さに切り、端から薄切りにする。葉は食べやすい大きさに切る。エリンギはさっと洗い、水気をきり、根元を少し切って縦に半分に切る。

❷大きめのフライパンに2等分した鮭と、白菜、エリンギを入れて、酒大さじ2と水を振り、蓋をして火にかける。沸騰したら火を弱めてホタテも入れて1～2分蒸す。白菜がしんなりし、鮭に火が通ればできあがり。

❹残った煮汁を濾して、豆板醤と塩を加え味を調えて、鮭とホタテの上にかける。

冬

ほうれん草の蒸しサラダとサバの香り焼き

ほうれん草で風邪予防。カレー粉が消化を助け食欲増進

【材料(2人分)】

ほうれん草…1束(200g)
エノキダケ…1袋(150g)
水…大さじ3
ニンジン…1/2本(60g)
たまねぎ酢…大さじ1
菜種油 …大さじ1/2
サバ…2切れ、酒…大さじ2
塩、こしょう…各少々
カレー粉…適宜

調理point

サバは流水で洗い、水気をふいて酒を振り、軽く塩、こしょうをして5分ほどおくと臭みがとれます。

【作り方】

❶ほうれん草を3cm長さのざく切りにする。エノキダケは石づきを切り、2～3cm長さに切る。フライパンにほうれん草とエノキダケを重ならないように入れて、水を振り蓋をして蒸す。ほうれん草がしんなりしたら水にとり、アクをぬき、冷めたら水気をよくきる。エノキダケはザルに上げて水気をきる。
❷ニンジンは5mm厚さの輪切りにし茹でておく。
❸ボウルにほうれん草とエノキダケを入れ、たまねぎ酢、油、塩、こしょうを加えて和える。
❹下処理したサバの汁気をきり、上にカレー粉を振る。フライパンに油を少し引き、サバを入れて酒をまわしかけ、蓋をして8分ほど蒸し焼きにする。
❺器に③を盛り、茹でたニンジンとサバも盛る。

カーボロネロとタラの蒸し煮

疲れた胃腸をキャベツ類のカーボロネロが、守り助ける

【材料(2人分)】

カーボロネロ(またはタア菜)…70g
キャベツ…80g、長ねぎ…1/2本(60g)
タラ…2切れ、酒…大さじ3
塩…少々、水…大さじ1
ゆず(薄切り) …2枚
たまねぎ酢…大さじ2
みそ…大さじ1/2

野菜memo

カーボロネロのかわりに、冬が旬のタア菜もおすすめです。白菜や青梗菜の仲間で、カルシウムが豊富で、甘みがありクセがなく、調理法を選ばない便利野菜です。

【作り方】

❶タラは流水で洗い、水気をふく。酒大さじ1と塩を振る。カーボロネロとキャベツは1㎝幅に切る。長ねぎも1㎝幅の斜め切りにする。
❷フライパンに①を入れて、酒大さじ1、水大さじ1を振り、蓋をして蒸す。しんなりしたら火を止めてボウルに入れて冷ます。
❸フライパンにタラを入れ、上にゆずをのせる。長ねぎも入れて酒大さじ1を振り、蓋をして蒸し煮する。タラに火が通ったら火を止める。
❹たまねぎ酢とみそを混ぜ、③のタラの蒸し汁を大さじ1加えてよく混ぜる。
❺器にカーボロネロと長ねぎを盛り、タラを盛る場所にみそだれを広げ、その上にタラをのせる。

冬

長ねぎとカリフラワーの蒸し煮

長ねぎとエビで体があたたまる。カリフラワーをたっぷり食べて栄養補給

【材料（2人分）】

長ねぎ（あれば下仁田ねぎ）…1本
カリフラワー…小1/2個（120g）
エビ（殻つき）…10尾
鶏ガラスープの素（無添加）…小さじ1/2
酒…大さじ1＋大さじ2
塩、こしょう…各少々
ニラソース…大さじ3

野菜memo

下仁田ねぎは、群馬県下仁田町の特産品。一般のねぎよりも太く、加熱すると独特の甘さが出るので、鍋物などにも好まれます。

【作り方】

❶エビは背ワタをとり、尾を残して殻をむき、塩少々でもむ。流水で洗ってから、水気をとり、酒大さじ1を振る。長ねぎはよく洗い、長さを2等分（フライパンに入る長さ）にして、さらに縦半分に切る。
カリフラワーは小房に分けてから7㎜ほどの厚さに切る。

❷フライパンに長ねぎ、カリフラワー、エビを入れて酒大さじ2を振り、鶏ガラスープの素も振る。蓋をして火にかける。沸騰したら火を弱めて2分ほど蒸し煮する。野菜とエビに火が通ればできあがり。

❸器に野菜とエビを盛りつける。ニラソースに②の蒸し汁を大さじ1ほど混ぜて、ソースとして添える。

切り干し大根とニンジンのサラダ

白菜、リンゴ、クルミのサラダ

切り干し大根とニンジンのサラダ

運動不足の冬は胃腸の働きが低下。食物繊維を摂って「腸活」を

【材料(2人分)】

切り干し大根…30g
ニンジン…45g
サニーレタス…2枚
キクラゲ(乾燥)…3g
A
　黒すりごま…大さじ1
　酢、しょうゆ、はちみつ…各大さじ1
トレビス(好みで)…2枚

調理point

乾燥キクラゲはひと晩、水につけて戻します。必ず茹でてから使いましょう。

野菜memo

トレビスはイタリア原産で、きれいな赤紫色が、サラダに映える比較的新しい品種の野菜です。

【作り方】

❶切り干し大根はたっぷりの水につけて戻し、流水で押し洗いして、水がほぼ透明になったら水気をしぼる。ひと塊にして十文字に切り分ける。ニンジンは4cm長さの千切りにし、さっと湯通しする。サニーレタスは洗って水気をよく切り、千切りにする。水につけて戻したキクラゲは、根元の固い部分を切り落とし、茹でて千切りにする。
❷ボウルにAを入れてよく混ぜる。そこに切り干し大根をほぐしながら加えて、キクラゲとニンジンも加えてしっかり和える。最後にサニーレタスを加えて和え、味をなじませる。
❸トレビスを敷いた器に盛りつける。

白菜、リンゴ、クルミのサラダ

白菜とリンゴの組み合わせで、食物繊維がたっぷり摂れる

【材料(2～3人分)】

白菜…150g
リンゴ…1/2個(125g)
クレソンの葉…40g
クルミ…15g
たまねぎ酢…大さじ1弱
塩…小さじ1/4、黒こしょう…少々
インカインチ油…大さじ1

調理point

リンゴは変色を防ぐために、皮を半分むき、種を除き、塩水に5分ほどつけておきましょう。

【作り方】

❶白菜は5cm幅の千切りに、リンゴは四等分のくし切りにして端から2～3mmの銀杏切りにする。クレソンは葉を摘み2cmに刻む。クルミは食べやすい大きさに刻む。
❷大きめのボウルに、たまねぎ酢、油、塩、こしょうを加えてよく混ぜる。白菜とリンゴ、クレソンを2回に分けて加えて、1回ずつしっかり混ぜ合わせる。最後にクルミも加えて混ぜる。

かぶとニンジンの和えもの

整腸作用に優れたかぶ。ゆずのさわやかな香りでイライラ解消

【材料(2人分)】

かぶ…小2個(120g)
ニンジン…小1本(100g)
塩…小さじ1/2
ゆず果汁…大さじ1
ゆずの皮(粗みじん切り)…小さじ1強
クミンシード…小さじ1/2
インカインチ油…大さじ1と1/2
サニーレタス…1枚、カボチャの種…大さじ1

食材memo

ゆずの皮の香りには気分を爽快にする働きがあり、皮に含まれるポリフェノールからは抗酸化作用、抗がん作用、抗血糖値上昇作用などが発見されています。

【作り方】

❶かぶは軸を2cmほど残し、縦に2等分し、端から薄切りにする。ニンジンは皮をむき、薄切りにする。薄切りにはスライサーを使用すると便利。
❷ボウルにかぶとニンジンを入れて、塩を加えて和える。水気が出るまで5分ほどおく。水気が出たら軽くしぼる。ボウルを洗い、かぶとニンジンを戻し、ゆず果汁、クミンシード、インカインチ油を加えてよく和える。カボチャの種も加えてさらに和える。
❸器にサニーレタスを敷き、②を盛りつけて、ゆずの皮を散らす。

大根と赤大根のサラダ

炭水化物の食べすぎに、大根の消化酵素が胃腸の働きを助ける

【材料（2人分）】

大根…150g

大根の軸…やわらかい部分2～3本

赤大根…50g

塩…小さじ1/3

ゆず果汁…大さじ1弱

ゆずの皮…1/4個分

米油…小さじ2

野菜memo

白大根にはないアントシアニンが豊富に含まれる赤大根。大根おろしにしてもきれいな赤色が楽しめます。

【作り方】

❶大根は皮をむき、縦に4～6つ割りに切り、端から薄切りにする。軸もよく洗い、小口切りにする。大きめのボウルに入れて塩をまぶしてよく混ぜる。水分が出るまでおいておく。

❷ゆずの皮は薄くむき、白い部分をそぎ、千切りにする。水に入れてひと混ぜして、茶こしなどで水気をきり、ペーパータオルで水気をさらにしっかりとる。

❸洗ったボウルに、ゆず果汁と米油を加えて混ぜる。①の大根の水気を軽くしぼりボウルに入れて、大根の軸を加え、ゆずの皮の半量も加えてよく和える。器に盛り、残りのゆずの皮を上に散らす。

寒い冬だからこそ、体が欲する！
体を芯からあたためて、ほっこりしましょう。

ニンジンのスープ

ニンジンのカロテンとアーモンドのビタミンEで抗酸化

【材料(2人分)】

ニンジン…大1本(180g)
ヤマトイモ…100g、たまねぎ…1/4個
白ワイン…大さじ4
固形ブイヨン…1/3個
水…1と1/2カップ
豆乳…1/2カップ
炒りアーモンド(薄切り)…大さじ1
塩、こしょう…各少々、ナツメグ…少々

調理point

製菓用の薄切りアーモンドを使う場合は、トースターで少しローストしましょう。

【作り方】

❶ニンジンとヤマトイモは皮をむき、2㎝大の乱切りに、たまねぎは粗みじん切りにする。鍋に、白ワイン、ブイヨン、水を入れて火にかける。沸騰したら火を弱めて、ニンジンがやわらくなるまで煮る。
❷①をフードプロセッサーに入れて、アーモンドも加えて攪拌する。なめらかになったら鍋に移してあたため、豆乳を加えて泡立て器でよく混ぜる。
❸塩、こしょうで味を調え、ナツメグを振り、あればアーモンドを飾る。

冬

たまねぎとキヌアのスープ

ミネラルたっぷりキヌアで栄養補給。たまねぎで体が芯からあたたまる

【材料（2人分）】

たまねぎ…1/2個
キヌア…大さじ3（40g）
塩、こしょう…各少々
白ワイン…大さじ2
固形チキンブイヨン…1/2個
水…2カップ
パセリ…少々
米油、またはオリーブ油…大さじ1/2

食材memo

キヌアは、ほうれん草と同じアカザ科の植物。鉄分、カルシウム、ミネラルが豊富で、NASAが、次世紀の主食と認める優良食です。

【作り方】

❶たまねぎを薄切りにする。鍋に油とたまねぎを入れ、よく混ぜてから蓋をして中火にかける。ジュージューという音がしてきたら時々かき混ぜてしんなりさせ、ベージュ色になるまで焦がさないように炒める。

❷キヌアは洗い、水気をきる。①にキヌアも加えて熱が入るまで炒める。白ワインを振り、水を注ぎ、チキンブイヨンを砕いて加えて煮込む。沸騰したら火を弱めて、キヌアがやわらかくなるまで6～7分煮る。途中で水分が少なくなったら適宜、湯を加える。

❸味見をして、塩、こしょうで味を調える。器に移し、パセリを振る。

カーボロネロのスープ

大根と貝柱のスープ

大根と貝柱のスープ

アミノ酸の旨みたっぷり貝柱。大根の甘みが美味

【材料(2人分)】

大根…200g
干し貝柱…4個
昆布だし(かつおだしでも)…2カップ
　＊素材の味を生かすため薄めのだしにする。
酒…大さじ1＋大さじ1、塩…少々
ショウガ(千切り) …少々

調理point

気温が低いときは、最後にくず粉などを入れてとろみをつけても。スープが冷めにくくなります。

【作り方】

❶干し貝柱は、100mlの湯と酒大さじ1に半日ほどつけて戻しておく。大根は皮をむき、5mm角に切り、一度さっと水に通す。鍋にだしと貝柱、貝柱の戻し汁を加えて火にかける。

❷沸騰したらアクをとり、酒大さじ1を加えて、弱火で大根がやわらかくなるまで10~15分ほど煮る。大根がやわらかくなったら、塩で味を調えて火を止める。ショウガの千切りを添える。

カーボロネロのスープ

カロテン豊富なカーボロネロ。里芋と組み合わせて疲労回復

【材料(2人分)】

カーボロネロ…7枚(70g)
たまねぎ…1/4個
里芋　120g(正味)
水…2カップ
固形ブイヨン…1/4個
塩、こしょう…各少々

野菜memo

里芋のぬめり成分ムチンには、細胞を活性化する働きがあるといわれています。芋類の中では低カロリーなのがうれしい食材です。

【作り方】

❶里芋は皮をむき、2cm大に切る。たまねぎは薄切りにする。カーボロネロは縦に3～4等分に切り、端から粗く刻む。鍋に水と、たまねぎ、里芋を加えてに火にかける。沸騰したら固形ブイヨンを加えて、里芋がやわらかくなるまで弱火で煮込む。

❷①にカーボロネロを加えてしんなりするまで煮てから、フードプロセッサーにかけてなめらかにする。塩、こしょうで味を調える。

調理point

フードプロセッサーをお持ちでない方は、マッシャーや木べらなどでも潰せます。カッターにかけると繊維が細かくなり、消化しやすくなります。

体をあたためるショウガ入りジュースで、冷え知らず！

ビーツのジュース

血流をよくするビーツで代謝アップ

【材料(2人分)】

ビーツ…1/2個
リンゴ…1個
みかん…2個
ショウガ…薄切り5枚

【作り方(ジューサー使用)】

❶ビーツは皮をむき、1cm厚さに切る。リンゴは皮にも栄養があるので、半分ほど皮をむき、芯をとる。みかんは皮をむき、横半分に切る。

❷①とショウガをジューサーにかけて、グラスに注ぐ。

ブロッコリーのジュース

カロテン、ビタミンC、Eの多いブロッコリーで風邪予防

【材料(2人分)】

ブロッコリー…200g
リンゴ…1個
みかん…2個
ショウガ…薄切り4枚
麻の実油（オメガ3の油）
…大さじ1強

【作り方(ジューサー使用)】

❶ブロッコリーは2cm大に切る。みかんは皮をむき、横半分に切る。リンゴは皮を半分むき、芯をとる。

❸①とショウガをジューサーにかけてしぼる。グラスに注いで、油を加えて混ぜる。

ビーツのジュース

ブロッコリーのジュース

きのこレシピ

野菜と同様にきのこにも強い抗酸化作用があり、
活性酸素を除去する働きがあります。
免疫力アップにつながるおすすめ食材。
たっぷり食べられるレシピをご紹介します。

きのこの恵み

きのこは菌類に属しますが、ここでは野菜の仲間としてご紹介します。

その利点としては、食物繊維やミネラル、ビタミン群が豊富に含まれ、栄養たっぷりでありながら、低カロリーといううれしい食材であることが挙げられます。

さらに、免疫抗体などの合成に関係するパントテン酸を含んでいるため、ストレスを抱える人には、とくにおすすめしたい食材です。

ただし、高齢者や、腸の働きが低下しているときは、消化をよくするために細かく刻むようにしましょう。

マイタケ
ビタミンB群の含有率がきのこ類の中でもトップクラス。代謝を高めて疲労を回復する効果がある。抗がん作用が知られている。

シイタケ
旨み成分のもとであるアミノ酸のグルタミン酸が、新陳代謝を促し老化を予防。不溶性食物繊維のβ-グルカンは抗がん作用が高いといわれている。

エノキダケ
ビタミンB群のひとつナイアシンがアルコールの分解を助ける。またエノキダケエキスがもつ抗がん作用が注目されている。

ハナビラダケ
β-グルカンが豊富に含まれ、免疫機能を強化し、疲労回復にも有効とされる。

シメジ
新陳代謝を高めるビタミンDが豊富に含まれているので、疲労回復効果がある。食物繊維は腸内の有毒ガスを排出する。

マツタケ
マツタケ独特の香りはマツタケオールなどの成分によるもので、食欲増進作用がある。豊富なビタミンDによりカルシウムの吸収率が高まる。

マッシュルーム
きのこ類の中でもとくにカロリーが低い。免疫機能を強化するパントテン酸も豊富。

黒キクラゲ
ビタミンB_2が多く、皮膚や粘膜を保護する働きがある。また、抗酸化作用の高いビタミンEも豊富に含む。

はなびらたけ

まっしゅるーむ

しめじ

まつたけ

くろきくらげ

えの

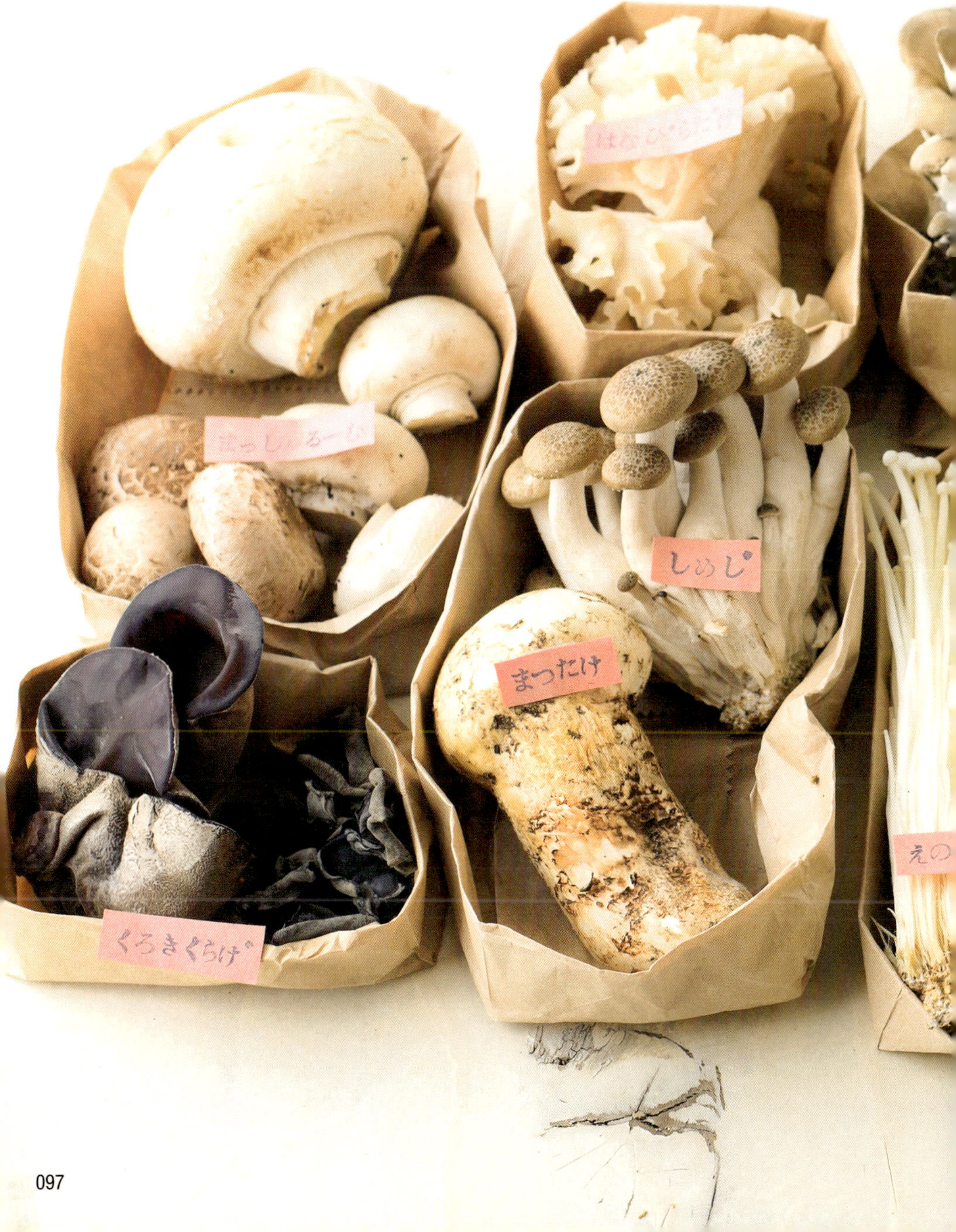

きのこのさっと煮

食物繊維が免疫力を高め、抗がん作用も。毎日活用したい常備菜

【材料(4～6人分)】

エノキダケ…1/2袋(80g)
シメジ…1パック
マイタケ…1パック
干ししいたけ…5枚、赤唐辛子…1～2本
酒…50ml
しょうゆ…大さじ2＋大さじ1/2
みりん…大さじ2
ゆずの皮、または陳皮…適宜

きのこをしっかり冷ましてから、保存ビンに入れる。

【作り方】

❶きのこは石づきを切り、2㎝長さに切る。干ししいたけは半日ほど水につけて戻し、薄切りにする。赤唐辛子は種を除き半分に切る。

❷鍋に①を入れて、酒を加えて混ぜ、蓋をして火にかける。

❸沸騰したら、弱火にして2、3分煮て蓋をとり、菜箸で軽く混ぜて、しょうゆ大さじ2とみりんを加えて強火で炒りつけるように煮る。煮汁が半量以下になるまで煮る。味を確認して、しょうゆ大さじ1/2と、ゆずの皮を加えてよく混ぜて、ひと煮たちさせてから火を止める。そのまま冷まし、煮沸消毒した清潔な保存容器に入れる。

＊保存容器に入れて冷蔵庫で5日ほど保存できる。
＊茹でたニンジン、もやしなどと和えたり、麺類のトッピングや卵焼きの具にもおすすめ。
＊三つ葉や万能ねぎを加えて卵とじにも。

きのこの扱い

●生しいたけ
水で洗うと旨みが出てしまうので、汚れているところは、布巾で拭く。

●干ししいたけ
水につけ、半日ほど、冷蔵庫に入れてゆっくり戻す。そうすると旨みがたっぷり出る。

●マッシュルーム
マッシュルームは唯一、生食ができるきのこ。切り口が空気にふれると変色するので、レモン汁をかけておく。

●エノキダケ
束におがくずが挟まっているときは、さっと振り洗いをして、水気をしっかりきる。

●シメジ
かさは水を含みやすいので、水洗いをしない。石づきが汚れているときは、根元だけ水洗いをして、水気をしっかりきる。

●マイタケ
茶色のマイタケは、煮汁を茶色くするので気をつける。香りが強いので、一度にたくさん使用しない。

●乾燥キクラゲ
水で戻すと4～5倍に膨らむ。戻したあと放置すると、硝酸塩という有害物質が発生するので、使う分だけ戻して、できるだけ早く調理する。

きのこのワイン蒸し

ごはんに、パンに、お酒のおつまみにもなる、万能おかず

【材料(4～6人分)】

マッシュルーム…80g
生しいたけ…4枚
エリンギ…90g
白ワイン…50ml
タイム、ローズマリーなど…2、3本
塩、こしょう…各少々

【作り方】

❶きのこはそれぞれ下処理をして、食べやすい大きさに切る。
❷フライパンに①とハーブを入れ、白ワインをまわしかけて蓋をし、中火にかける。
❸煮たったら弱火にし、2分ほど蒸して火を止め、塩、こしょうを軽く振る。
＊煮沸消毒した保存容器に入れ、冷蔵庫で5日ほど保存できる。

きのこ

マッシュルームのトマト煮

きのこのパントテン酸と、トマトのリコピンで、ダブルの抗酸化

【材料(4～6人分)】

マッシュルーム…300g
たまねぎ…1個
ニンニクオイル…大さじ1
オリーブ油…大さじ3
タイム(乾燥)…小さじ1/2
ローリエ…1枚
トマトの水煮…1缶
白ワイン…50ml
こしょう…少々、塩…小さじ1/2
カイエンペッパー…少々
イタリアンパセリ(みじん切り)…大さじ2

【作り方】

❶マッシュルームはさっと洗い、軸をとり、7㎜厚さに切る。たまねぎは薄切りにする。

❷フライパンにニンニクオイルと油を引き、弱めの中火にかけて香りがたったら、たまねぎを入れしんなりするまで炒める。そこへマッシュルームを加えて、少し炒めて全体に油がまわったら、トマトの水煮とタイム、ローリエ、白ワインを加えて煮る。

❸煮たったら弱火にして20分ほどさらに煮て、塩、こしょうで味を調え、カイエンペッパーを振る。火を止めてイタリアンパセリを散らす。

きのこのカレー風味

消化を助けるクミンとカレーの香りで、食が進む

【材料(4～6人分)】

生しいたけ…6枚

ブラウンマッシュルーム…2パック(200g)

エリンギ…2～3本

エノキダケ…100g

ししとう…10本

たまねぎ(みじん切り)…1/2個分(100g)

米油…大さじ3

クミンシード…小さじ1/3

カレー粉…小さじ2～3

白ワイン…大さじ3

塩…小さじ1/2、黒こしょう…少々

【作り方】

❶きのこは軸を切り、しいたけ、マッシュルームは厚めの薄切りにする。エリンギとエノキダケは石づきを切り、食べやすい長さと大きさに切る。ししとうは軸を切り、1㎝長さの斜め切りにする。

❷フライパンに油とクミンシードを入れて火にかける。香りがたったらたまねぎを炒め、しんなりしたら①を加える。2分ほど炒めてから、カレー粉を振り入れてひと混ぜする。白ワインを振り、蓋をして30秒ほどおき、塩、こしょうで味を調える。

ビッグマッシュルームのオーブン焼き

ビタミン豊富なパプリカとニンニクで抗酸化。ハーブの香りで「気」がめぐる

【材料(2人分)】

ビッグマッシュルーム…4個
赤パプリカ…1/3個
生しいたけ…1枚
ニンニク…1片
タイム(フレッシュの葉) …小さじ1
オリーブ油…大さじ2＋大さじ1
塩、黒こしょう…各少々
レモン…(くし形) 2切れ
ローズマリー…1枚

【作り方】

❶パプリカは2～3㎜角に切る。しいたけも軸を切り、同様に切る。ニンニクは芽と根を切り、みじん切りにする。タイムは葉をしごく。
❷フライパンに油大さじ2を引き、ニンニクを加えて火にかける。香りがたってきたら、赤パプリカを加えてひと炒めして、しいたけを加えて全体がしんなりするまで炒める。塩、こしょうで味を調え、タイムを入れてひと混ぜする。
❸マッシュルームを洗い軸を切る。かさ全体にオリーブ油大さじ1を塗り、②を四等分して詰める。
❹焼き皿に入れて180℃のオーブンで5～7分焼き、ローズマリーの葉を飾り、レモンを添える。

きのこのスパイス煮

薬効の高いきのこ類を、温性のスパイスで味つけ。栄養満点！

【材料(4～6人分)】

黒キクラゲ…10g
干ししいたけ…4枚
ハナビラダケ…1株(150g)
ショウガ(薄切り)…8枚
シナモン…2本、八角…2～3粒
花椒…小さじ1
酒…50ml、しょうゆ…大さじ2

【作り方】

❶黒キクラゲと干ししいたけは、半日ほど水につけて戻し、しいたけは石づきを切り、食べやすい大きさに切る。ハナビラダケは食べやすい大きさにちぎる。

❷鍋にショウガ、シナモン、八角、花椒、酒、しょうゆを入れてひと煮たちさせる。①を加えて菜箸でひと混ぜして、再び煮たったら弱めの中火にして5～6分煮る。

食材memo

八角は、甘みと苦みをもち、食材の生臭さを消す効果があります。花椒(ホァジョー)は中華料理に使われる山椒の仲間で、刺激的な辛味をもつスパイス。どちらも体をあたためる温性。

きのこのとろみスープ

スープにとけ出す栄養成分。「気」のめぐりがよくなり、体があたたまる

【材料(2人分)】

黒キクラゲ…3g
干ししいたけ…2枚(戻し汁はとっておく)
ハナビラダケ…50g、青梗菜…小1株
チキンスープ、またはかつお昆布だし
…300ml
酒…大さじ2、塩…小さじ1/2、
しょうゆ…小さじ1、こしょう…少々
片栗粉…大さじ1

調理point

このスープに豆腐、魚介などを加えると、さらにボリュームアップした主菜になります。

【作り方】

❶キクラゲと干ししいたけを戻す。ハナビラダケは食べやすい大きさにちぎる。しいたけは厚めの薄切り、キクラゲは一口大にちぎる。青梗菜は軸と葉を切り分けてから2～3センチ長さに切る。

❷鍋に干ししいたけの戻し汁とだしを併せて2カップ入れ、干ししいたけを加えて火にかける。沸騰したらアクをとり、酒とキクラゲ、ハナビラダケを加えてさらに5～6分煮る。

❸きのこに火が通ったら青梗菜の軸を加えてひと煮たちさせて、塩、しょうゆ、こしょうで味を調える。水でといた片栗粉をまわし入れてとろみをつける。青梗菜の葉も加えてひと混ぜして火を止める。

黒キクラゲのお刺身

“生”ならではの、プリプリ食感がやみつきに

【材料(1～2人分)】

黒キクラゲ(生)…大5、6個
　＊必ず茹でてから使用する
青ジソ……10枚
大根(千切り)…100g
おろしわさび…適宜
しょうゆ…適量

調理point

生わさびは、硫化アリルが豊富なので、できれば、おろしたてを使うことをおすすめします。

【作り方】

❶黒キクラゲはさっと洗い、沸騰した湯で茹でる。冷水にとり、冷まして水気をきる。食べやすい大きさに切る。青ジソも洗い、水けをふく。
❷器に①を盛り、大根の千切りとわさびとしょうゆを添える。

食材memo

生キクラゲの旬は6月～9月。肉厚の食感は乾燥キクラゲでは味わえないもの。戻す手間も省けます。茹でたものは冷凍保存もできる便利食材です。

豆 レシピ

免疫力細胞のもとになるタンパク質。
良質なタンパク質をしっかり摂って、
免疫細胞を活性化しましょう。
タンパク質が含まれる食材として、豆類もおすすめです。

豆の恵み

豆類には、炭水化物、タンパク質、ビタミン、ミネラルなどの栄養素がバランスよく含まれています。

なかでもタンパク質は、体内でアミノ酸に分解されてから再び合成され、筋肉、血液、皮膚などになるので、積極的に摂りたい食品です。

また、骨や歯のもととなるカルシウムが含まれているほか、食物繊維やポリフェノールも豊富に含まれています。ポリフェノールは、動脈硬化や、がん化予防に効果があるといわれ、免疫力の増強に高い効果があることがわかっています。

豆類はひと粒で何倍もの実りを生み出すパワーがたくわえられている食材です。ひと粒ひと粒につまったエネルギーをいただきましょう。

野菜や果物、きのこと併せて、豆類を摂ることも意識してほしいと思います。

白インゲン豆
消化酵素や食物繊維がたくさん含まれて、胃腸の働きを助けるので、腸内環境が整うことによって免疫力がアップ。疲労回復にも効果が。[用途]煮物、サラダ、スープなど。

ミックスビーンズ
ひよこ豆、青えんどう、赤インゲン豆、白インゲン豆、大豆、黒豆、レンズ豆などの豆の中から3~5種類を組み合わせたもの。彩りがよく、それぞれの豆の栄養が一緒に摂れるので使い勝手がいい。[用途]サラダ、煮込み、スープ、カレーなど。

レンズ豆
古来から、高い薬膳効果が注目されている。食物繊維、レクチン、カリウム、ビタミンB_1、鉄分などを含み、免疫力を高める。[用途]サラダ、スープ、カレーなど。

黒豆
抗酸化作用の高いアントシアニンが豊富に含まれている。アクのもとであるタンニンも抗酸化成分の一種で、炎症を抑える作用があり、胃炎や胃潰瘍の改善に効果を発揮。[用途]煮物、菓子など。

大豆
ビタミンB_1、ビタミンE、アミノ酸が含まれ、めまいや目の疲れ、解毒や消炎、鎮静作用などに効果があるとされる。[用途]煮豆、豆腐、納豆など。

赤インゲン豆
免疫力を高めるβ-カロテンをはじめ、カルシウムやミネラルも多く含む。独特な香り成分のイソボルネオールが、胃腸の働きやのどの調子を改善。[用途]サラダ、カレーなど。

くろまめ
しろいんげんまめ
だいず
みっくすびーんず
あかいんげん
れんずまめ

黒豆の五目豆

ふっくら豆が美味。お弁当にもぴったりの常備菜

【材料(2人で4～5日分ほど)】

黒豆…200g
レンコン…150g
ニンジン…120g
干ししいたけ(戻したもの)…5枚(80g)
ごぼう…80g
コンニャク…1/2枚
酒…大さじ3
昆布…10㎝角×2枚
　＊だしをとったあと、食材として使用
昆布だし…1と1/2カップ
しょうゆ…大さじ2と1/2
みりん…大さじ2

調理point

レンコンは、変色を防ぐため、切ったらすぐに酢水につけましょう。これによって粘り成分のルチンを酢が分解して、シャキシャキ感が残ります。アクの強いごぼうも、4～5分酢水につけると、アクがぬけて仕上がりがきれいになります。

【作り方】

❶黒豆と干ししいたけはひと晩水につけて戻す。コンニャク、レンコン、ごぼうを1㎝角に切る。コンニャクをさっと下茹でする。レンコン、ごぼうはそれぞれ酢水につけて水気をきり、さっと下茹でする。

❷だしに使った昆布を1㎝角に切る。黒豆を4倍量の水でやわらかくなるまで煮る。

❸鍋にだしと干ししいたけの戻し汁50mlを入れて、レンコン、ごぼう、ニンジンを加える。ニンジンがやわらくなったら黒豆、昆布、酒を加えて5分煮る。しょうゆ大さじ2を加えて、煮汁がひたひたになるまで煮る。

❹③に、みりんを入れ、味を確認して、必要ならば残りのしょうゆも加えて、水気がさらに半量になるまで強めの中火で煮る。

バットなどに移し、素早く熱をとる。粗熱がとれたら、乾燥やカビを防ぐため、表面にぴたっとラップフィルムを張りつける。煮汁につけたまま、半日から1日おくと、さらに味がなじむ。

白インゲン豆のシーフードサラダ

豆の中でトップクラスの食物繊維。シーフードを加えてメインディッシュに

【材料(2～3人分)】

白インゲン豆(水煮)…100g
冷凍エビ…60g
冷凍イカ…60g
酒…大さじ2
リーフレタス…2枚
たまねぎ…30g
セロリ…1/2本分
パセリ(みじん切り)…大さじ1
インカインチ油…大さじ2
レモン汁…大さじ1
塩…小さじ1/5、黒こしょう…少々

【作り方】

❶白インゲン豆は湯で洗い、水気をきる。エビとイカは流水で洗い、水気をふきとり鍋に入れ、酒と塩を振り、蓋をして火にかける。煮たったら弱火にして30秒ほど加熱し、火を止めて冷ます。
❷セロリは薄切りに、リーフレタスは2㎝角に切り、水にさらしてすぐに水気をきる。
❸ボウルにレモン汁、塩、こしょう、油と、①の蒸し汁を入れて混ぜ合わせる。①と②を加えてよく混ぜてから、パセリとリーフレタスも加えて和え、塩、こしょうで味で調える。

赤インゲン豆とトマトのピリ辛サラダ

低脂肪、高タンパクな栄養食。ほのかな辛味がクセになる

【材料(2～3人分)】

茹で赤インゲン豆…100g
ズッキーニ…1/4本
トマト…1個
たまねぎ酢…大さじ1
カイエンペッパー、または一味唐辛子
…少々
インカインチ油…大さじ2
塩…小さじ1/5
黒こしょう…少々

【作り方】

❶赤インゲン豆は湯で洗い、水気をきる。ズッキーニは縦に6つ割にして、6～7㎜厚さに切り、水にさらしてから水気をきる。トマトはへたをとり、ズッキーニと同じくらいの大きさに切る。

❷ボウルにたまねぎ酢、塩、こしょう、カイエンペッパーをひと振りし、油を加えて混ぜ合わせる。ズッキーニを加えて和え、赤インゲン豆も加えてさらに和えて、最後にトマトを加えて和える。器に盛り、カイエンペッパーを少々振る。

大豆と枝豆のトーフネーズ和え

大豆イソフラボンをたっぷり摂って。クリーミーで食べやすい

【材料(2～3人分)】

大豆(水煮)…150g
茹で枝豆…80g
ブロッコリースプラウト…1/2パック
紫たまねぎ…1/2個
絹ごし豆腐…1/2丁
インカインチ油…大さじ1
たまねぎ酢…大さじ2
塩…小さじ2/5
白こしょう…少々
レモン汁…大さじ1

【作り方】

❶大豆は湯で洗い、水気をきる。枝豆は薄皮をむく。紫たまねぎは5㎜角に切り、さっと水にさらしてすぐに水気をきる。ブロッコリースプラウトは根元を切り、流水でよく洗い、水気をきる。

❷絹ごし豆腐はペーパータオル2～3枚を重ねたもので包み、軽く水気をきる。ボウルにくずして入れ、泡立て器などでなめらかになるまでよく混ぜる。油、塩、たまねぎ酢、レモン汁、こしょう、紫たまねぎを加えて混ぜ合わせ、大豆と枝豆を加えてさらに和える。

❹器に盛り、ブロッコリースプラウトを飾る。

ミックスビーンズサラダ

彩り豊かで、食欲も増す。どんどん食べられるさっぱりサラダ

【材料(2～3人分)】

茹でミックスビーンズ…50g
セロリ…1/4本(40g)
赤ピーマン…1/4個
キュウリ…1/2本
ニンニクオイル…小さじ1
たまねぎ酢…小さじ1
ひまわり油…大さじ2
塩…小さじ1/5
黒こしょう…少々
イタリアパセリ(みじん切り) …大さじ1
トレビス…2～3枚

【作り方】

❶ミックスビーンズは湯で洗い、水気をきる。セロリ、赤ピーマン、キュウリを1cm大の薄切りにする。
❷ボウルにニンニクオイル、たまねぎ酢、油、塩、こしょうを入れてよく混ぜる。そこにミックスビーンズ、赤ピーマン、キュウリを加えてしっかり混ぜる。イタリアンパセリも加えて味をなじませる。
❸皿にトレビスの葉を1枚のせ、②を盛りつける。あればイタリアンパセリ1枝を飾る。

レンズ豆とカリフラワーのスープ

「気」のめぐりをよくするカリフラワーを加えて、イライラ解消

【材料(2～3人分)】

レンズ豆(乾燥)…500g
カリフラワー…1/4～1/5個(70g)
ニンジン…50g
たまねぎ…1/4個(50g)
イタリアンパセリ…2枝
シナモンパウダー…少々
チキンブイヨン…小さじ1/2
塩…小さじ1/3
こしょう…少々
水…2と1/2カップ

【作り方】

❶ニンジン、たまねぎは5㎜角の粗みじん切りに、イタリアンパセリはみじん切りにする。
❷レンズ豆はさっと洗う。鍋に水とチキンブイヨンを入れ、イタリアンパセリ以外の①と、レンズ豆を加えて火にかける。
❸沸騰したら、粗みじん切りにしたカリフラワーを加えて弱火にして、レンズ豆がやわらかくなるまで10～15分煮る。
❹煮えたら、塩、こしょうで味を調える。器に移し、みじん切りにしたイタリアンパセリを振る。

豆

赤インゲン豆と赤パプリカのスープ

元気が出る赤いスープ。朝食としても食べやすい

【材料(2～3人分)】

赤インゲン豆(水煮)…100g
たまねぎ…1/3個(70g)
パプリカ…赤1/2個＋黄色1/4個
ニンニクオイルのオイルのみ…大さじ1
タイム…2枝
水…2カップ
塩…小さじ1/5
黒こしょう…少々

【作り方】

❶赤インゲン豆は、湯で洗っておく。たまねぎは5㎜角、パプリカは5～6㎜角に切る。ニンニクオイルをフライパンであたためて香りがたったら、たまねぎを入れて炒める。しんなりしたらパプリカを加えて炒める。

❷パプリカがしんなりしたら、タイムと水、赤インゲン豆を加えて煮る。沸騰したら塩、こしょうで味を調える。器に盛り、あればタイムを飾る。

黒豆と黒ごまのスープ

黒豆のイソフラボンと黒ごまのゴマグリナンで、アンチエイジング

【材料(2～3人分)】

黒豆(乾燥)…30g
黒ごまペースト…30g
たまねぎ…1/2個(100g)
セロリ…30g
固形コンソメ…1/4個
塩…少々
クコの実…6個

【作り方】

❶黒豆はひと晩、水につけて戻し、たまねぎとセロリを加えて3倍量の水で煮る。

❷やわらかくなったらフードプロセッサーで攪拌し、ペースト状になったら、黒ごまペーストを加えて混ぜる。

❸②を鍋に移し、湯300mlと固形コンソメを入れてよく混ぜてから火をつける。あたたまったら塩で味を調え、器に盛り、クコの実を飾る。

白インゲン豆と松の実、シナモン風味スープ

豆の甘みにシナモンの香りをプラス。松の実が体をじんわりあたためる

【材料(2～3人分)】

白インゲン豆(水煮)…200g
松の実…30g＋飾り用少々
シナモン…1本
ショウガ…薄切り5枚(5g)
塩…小さじ1/5
こしょう…少々
シナモンパウダー…少々

【作り方】

❶鍋に白インゲン豆と松の実、シナモン、ショウガを入れて、水2カップを加え10分ほど煮る。シナモンを取り除いてフードプロセッサーにかける。

❷①を鍋に戻してあたため、塩、こしょうで味を調える。器に盛り、シナモンを振り、松の実を飾る。

雑穀入りごはんのすすめ

主食といえば白米というご家庭が多いと思います。精白された米は、旨みがあり美味ですが、ビタミン、ミネラル、食物繊維がそぎ落とされて、糖質に偏ってしまいます。糖質を消化吸収してエネルギーに換えるためには、ビタミンや酵素などが欠かせません。その大事なビタミンや酵素が白米には残っていないのです。

免疫力アップのために、ビタミン、ミネラルを摂ることをおすすめしてきましたが、雑穀にはこの栄養素が豊富に含まれています。ここで主食を雑穀入りに変えることを考えてみませんか。

さまざまな種類の雑穀が手に入りやすくなっているので、いろいろ試して好みの味を見つけてください。

玄米

米から籾殻だけを除いたもの。糠に食物繊維、マグネシウム、ビタミンEが豊富に含まれる。玄米は発芽させることで免疫力を高めるギャバが倍増するので、8時間～12時間ほど浸水してから炊くことが重要。炊飯器の玄米モードを使えば、かんたんに炊くことができる。ただし、消化が悪いので、お子さんや胃腸が弱い人にはおすすめできません。

保存するには

雑穀は常温で保存できますが、酸化や虫がつくのを防ぎましょう。まず食品用の密封袋に入れて、空気を抜いて保存。見た目が似ている雑穀もあるので、密封袋に雑穀の名前を書いておきましょう。

黒米

「古代米」といわれている白米の原種。黒の色素はアントシアニンで、抗酸化作用の強いポリフェノールの一種。玄米同様、糠の部分に栄養が豊富に含まれている。粒が硬いので、玄米同様、浸水させる。

胚芽米

玄米から糠層を取り除き、一番栄養のある胚芽だけを残して精米した米。白米と比較してビタミンEやビタミンB_1が豊富。普通の炊飯器で炊けて、玄米に比べると食べやすい。

ハト麦

タンパク質やビタミンB_1、カルシウムや鉄分を含む。利尿効果があるので、むくみの解消にも最適。プチプチした食感で、お粥やスープの食材として利用される。

丸麦

麦ごはんとしてお馴染みの大麦は、加熱してローラーで平たくした「押し麦」が一般的だが、最近は熱処理を加えない粒そのままの「丸麦」が人気に。ビタミンB_1、B_2、カルシウム、鉄分が豊富で、消化酵素も含んでいるので胃もたれしないのが魅力。

キヌア

南米アンデス産の植物の種子。必須アミノ酸をすべて含んでいるほか、鉄分やカルシウムも豊富に含む優秀な食品。粒が小さいので白米に混ぜて炊くと食べやすい。

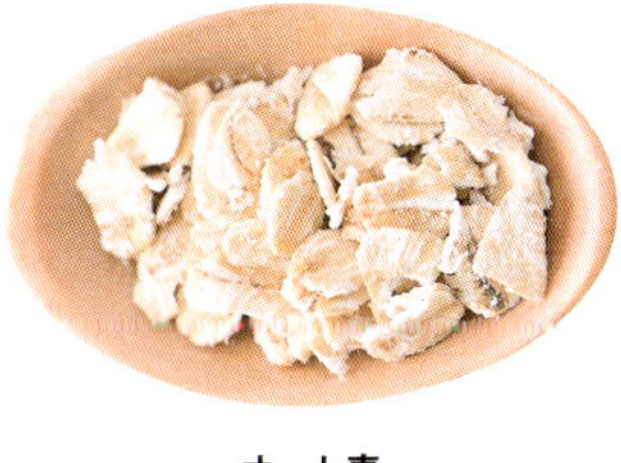

オート麦

グラノーラやオートミールに加工されて食べられている穀物のひとつ。食物繊維が豊富で、とくに、水溶性食物繊維であるβ-グルカンの含有率が高く、腸内環境が改善。

高栄養の種実類にも注目

種実類は、堅果類（ナッツ）と種子類に大別されます。それぞれが小さな粒ですが、その中に、驚異の栄養素が詰まっています。

　種実類によって栄養素は異なりますが、主にタンパク質、食物繊維、カルシウム、カリウム、マグネシウム、セレニウム、葉酸、ビタミンEが含まれている非常に栄養価の高い食品です。

　比較的高脂肪ではありますが、その高脂肪食品を食べることで、野菜のフィトケミカルの吸収がよくなるという利点があります。

　サラダのトッピングやドレッシングにナッツを使ってみてください。生で食べるほか、軽く炒ると食べやすくなります。

堅果類

クルミ

ポリフェノール、メラトニンが豊富なほか、ビタミン、ミネラル、タンパク質や食物繊維などの栄養素がたっぷり含まれる。

アーモンド

ビタミンEが豊富で、抗酸化作用が強い。不溶性食物繊維も多く含まれているため整腸作用がある。その他、亜鉛やマグネシウム、カリウム、鉄分などのミネラルやポリフェノールも多く含まれる。

カボチャの種

コレステロールがゼロで、タンパク質やビタミンB_1、B_2、ビタミンE、カリウム、亜鉛などのミネラルが豊富に含まれる。

種子類

クコの実

クコの実には、β-カロテンが豊富な他、アミノ酸やビタミンB_1、ビタミンB_2、ビタミンC、ニコチン酸などが含まれている。一般的には乾燥されたものが市販されている。さっと洗ってから使用する。

松の実

豊富なタンパク質や食物繊維、油脂分が含まれる。そのままサラダのトッピングにしたり、スープに入れて煮込むのも、栄養が丸ごと摂れておすすめ。酸化しやすいため、少量を購入し、保存は必ず冷凍庫で。

白ごま、黒ごま

ごまには白ごま、黒ごま、金ごまの3種類があり、いずれも抗酸化力が強く、薬効の優れた成分が豊富に含まれている。中でも活性酸素を抑える抗酸化作用をもつセサミンは、認知症予防にも効果を発揮する。

注意してほしいこと

ナッツ類を購入するときは、できれば有機栽培のものを選んでください。保存料が含まれていないかを確認したほうがよいでしょう。保存は必ず冷蔵庫で。室温だと油が酸化して風味が悪くなります。

おわりに

本書を最後まで読んでいただき、ありがとうございました。

植物のもつパワーのすばらしさをお伝えしたくてこの本をつくりました。まだまだお伝えしたいことが山のようにありますが、限られた紙面ではすべてを著すのは難しく、不備なところもあるかと思います。でも、この本を読まれて少しでも野菜や果物の栄養効果に興味をもち、もっともっと知りたいと思う気持ちがわいてくだされば、これほどうれしいことはありません。

健康であることのありがたさは、体調不良や病気などで動くことがままならなくなったときに気づかされます。どんなに時間やお金があったとしても、脳や体、そして心が健康でなければ、それを楽しく有効に使うことができないからです。その健康を保つために必要な栄養が、野菜や果物にはたくさんあります。植物がもつ様々なフィトケミカルは、薬にもなるような効能をもっています。この素晴らしいパワーをいただき、日々の食事にとり入れないのは、もったいないと思いませんか。

フィトケミカルの種類は四〇〇〇とも五〇〇〇ともいわれていますが、そのほとんどが研究途中で、まだまだ効能が発見されていないものもあるとのことです。これらのフィトケミカルは植物が自分自身を守るために生み出された天然の化学成分です。主に野菜や果物に含まれているフィトケミカルは、自然からの贈り物にほかならないと私は思っています。毎日食べるひと口ひと口の食材によって体がつくられ、そしてその積み重ねが、人生をもつくっていく……。何を食べるかで人生が決まるとすれば、食事はとても大切な行いであると気づかされるのではないでしょうか。

　建築物の手抜き工事が一時話題になりましたが、私たちの体もビルに置き換えることができます。優良素材で建てるか、粗悪品で建てるかによって、一〇年後、二〇年後、三〇年後の劣化具合が違ってきます。そう考えると、なるべく優良素材で建てたいと思いませんか？

　自分の体を、人生を慈しみ、食べ物に感謝して心をこめて料理をする。「おいしく、楽しく、賢く、健康な食事を摂る」毎日を送られることを、心から願っています。本書のレシピが皆様のお役に少しでも立てれば望外の幸せです。

　最後になりましたが、私の話に真剣に耳を傾けてくださった清流出版の松原淑子さん、そして、いつも素敵な写真を撮ってくださる中川真理子さん、私の料理を一段とおしゃれにしてくれるスタイリストの大沢早苗さん、私の思いをかたちにしてくださるデザイナーの大森由美さん、苛酷な指示を受け止めてアシストしてくれる鈴木麻衣子さん、この素敵なスタッフに恵まれて仕事ができたことに深く感謝しております。

二〇一七年二月

植木もも子

植木もも子（うえき・ももこ）

東京生まれ。東京家政学院大学卒業。管理栄養士、国際中医師、国際中医薬膳管理師の資格をもち、その知識をいかし、栄養学と薬膳の両面から、健康になるための食生活を提案。「おいしく、楽しく、賢く、健康に」をモットーとして、講演や料理教室、テレビ番組などを通して、毎日の食事の大切さを伝えている。東京・西武池袋本店内の「サルテリア」で、ジュースのメニューをプロデュース。主な著書に『からだを整える薬膳スープ』（マイナビ）、『いちばんやさしい さかな料理の本』（日東書院本社）ほか多数。
公式ホームページ　http://www.peachtreekitchen.jp/

スタッフ

撮影　中川真理子
ブックデザイン　大森由美
スタイリング　大沢早苗
料理アシスタント　鈴木麻衣子

協力

Lino e Lina（リネン）☎ 03-3723-4270
Truffe（食器）☎ 03-3723-4270
ストウブ／ツヴィリング J.A. ヘンケルス　0120-75-7155
リネンフルーツ／帝国繊維株式会社　☎ 03-3281-3037
ル・クルーゼ　カスタマーダイヤル☎ 03-3585-0198
チェリーテラス・代官山　☎ 03-3770-8728

からだの中から、キレイになる

毎日ベジレシピ

2017年4月3日　初版第1刷発行

著　者　　植木もも子
　　　　　© Momoko Ueki 2017, Printed in Japan
発行者　　藤木健太郎
発行所　　清流出版株式会社
　　　　　〒101-0051
　　　　　東京都千代田区神田神保町3-7-1
　　　　　電話　03-3288-5405
　　　　　編集担当　松原淑子
　　　　　http://www.seiryupub.co.jp/
印刷・製本　大日本印刷株式会社

乱丁・落丁本はお取替えします。
ISBN 978-4-86029-460-1